司马懿

三国头号伪装者

赵星　著

辽宁人民出版社

图书在版编目（CIP）数据

司马懿：三国头号伪装者 / 赵星著 . — 沈阳：辽宁人民出版社，2022.3
ISBN 978-7-205-10376-7

Ⅰ . ①司… Ⅱ . ①赵… Ⅲ . ①司马懿（179–251）— 传记 Ⅳ . ① K827=361

中国版本图书馆 CIP 数据核字（2021）第 280481 号

出版发行：辽宁人民出版社
地址：沈阳市和平区十一纬路 25 号　邮编：110003
电话：024-23284321（邮　购）　024-23284324（发行部）
传真：024-23284191（发行部）　024-23284304（办公室）
http：//www.lnpph.com.cn
印　　刷：北京长宁印刷有限公司天津分公司
幅面尺寸：145mm × 210mm
印　　张：6.5
字　　数：110 千字
出版时间：2022 年 3 月第 1 版
印刷时间：2022 年 3 月第 1 次印刷
责任编辑：赵维宁
助理编辑：段　琼
封面设计：乐　翁
版式设计：一诺设计
责任校对：郑　佳
书　　号：ISBN 978-7-205-10376-7

定　　价：39.80 元

序 言

《西游记》的主人公孙悟空有一句名言：“皇帝轮流做，明年到我家。”据说这反映了广大人民群众不畏强权、追求平等的精神。但从反面说，这是不是也折射出了人性阴暗的一面呢？虽然人人都想做皇帝，想高高在上地奴役压迫其他人，但问题是皇位实在是太稀有了，俗话说得好：“人人都有皇帝相，人稠地窄轮不上。”多少英雄豪杰把全家人的脑袋拴在裤腰带上，奔着这个目标去奋斗，最后也只是把全家人带上了刑场，最典型的就是汉末三国时期的英雄豪杰们。

东汉末年对老百姓来说是一个大灾难的时代，但对那些英雄豪杰们来说，却是个创业的好时代。比如，曹操本来志向也就是做个征西将军，而刘备本来可能一辈子都当不上县级官员，碰上了天下大乱，他们便都脱颖而出了。他们为了创业，不惜变卖家财，不惜寄人篱下，不惜把全家人的脑袋都拴在裤腰带上冒险。总之，就是义无反顾地创业，即便创业一时失败了，也不气馁，只要还有一口气在，也要继续二次三次地创业。曹操因为创业，把老爹曹嵩、弟弟曹德和长子曹昂都搭了进去，刘备为了创业，更是四次抛妻弃子，屡屡让老婆孩子当了敌人的俘虏。不过他俩还算幸运的，总算是创业成功了，一个混成了太祖武皇帝，一个混成了昭烈皇帝，而更多的英雄豪杰则是全家人都死于非命，创业也失败了。

可三国时代还有这么一个人，不好高骛远，不冒险创业，就是踏踏实实、兢兢业业地给老板打工，一步一步前进，最终也混成了高祖宣皇帝，成就了一段打工人的励志传奇，这个牛人就是司马懿。

司马懿也曾经不思进取，长期在家“躺平”，过着“啃老”生活，但后来步入职场后，对待工作那是勤勤恳恳、废寝忘食，终于赢得了老板的信任，一步一步走上了高管的岗位，最终还变相把老板的公司变成了自己家的产业。虽然这多少有点不地道，不过这也不是完全没有道理的，因为早在春秋时期，就有一本叫《左传》的典籍，里面就明明白白地阐述了一个道理：“社稷无常奉，君臣无常位，自古以然。”

如果让司马家族说，那就是曹家倒行逆施，司马氏取代曹氏是顺应民心。天下本来也不姓曹，在司马懿的前半生里，天下还姓刘呢，既然曹氏能取代刘氏，那司马氏自然也可以取代曹氏，一切都是“人民”的选择嘛。当然了，这个“人民”的范围可能有点窄，可能只包括了豪门士族，毕竟在那个老百姓基本都是文盲和半文盲的时代，舆论也是由豪门士族掌控的，无论谁上台都是要尊重豪门士族利益的。

豪门士族用实际行动证明了，胆敢侵犯豪门士族集团利益的人是不会有好下场的，不信可以看看曹爽的例子。也千万不要觉得你是皇帝就有多了不起，因为连历史也是掌握在豪门士族笔下的，即便有时候豪门士族集团暂时不能对实权在握的皇帝怎么样，但起码还可以丑化你、抹黑你，甚至在你死后欺负你的孩子。比如东汉就有两个著名的“昏君”，分别是汉桓帝和汉灵帝，社会舆论都说了他们是“亲小人，远贤臣”，他们要为东汉灭亡负主要责任，尤其是汉灵帝，史书上说了他异常贪财，不惜卖官鬻爵来敛财，甚至把“三公”这样的高官都明码标价出售。据说，他身边的大臣实在是看不下去了，就吐槽他说：“天下之财，莫不生之阴阳，归之陛下，岂有公私！”

乍一看，这位仁兄说得很有道理啊，问题是要真像他所说，天下之财都是皇帝的，不分公私，那后世明朝的崇祯皇帝还用为军饷发愁吗？还用号召群臣捐款吗？如果汉灵帝让这位仁兄把家产全部拿出来捐给国家当军费，他会拿吗？

汉灵帝其实跟后世的崇祯帝都有个共同的困境，那就是他们接手时，国家已经是个烂摊子了，土地被豪强地主们兼并严重，官员们贪污成风，内有农民起义，外有少数民族作乱，军费开支庞大，国家财政入不敷出。汉灵帝跟崇祯帝一样天天为钱发愁，所以才想尽各种手段敛财，只不过是汉灵帝比崇祯帝脸皮厚，比崇祯帝有担当，敢于豁出名声。崇祯帝大力号召群臣（官僚集团）主动捐款，但收效甚微；而汉灵帝则用官位变相逼着群臣（豪门士族）捐款，却收获颇丰。汉灵帝收到的钱都去哪儿了呢？史书里无意间透露了这些钱的去向。

司马懿的孙子、西晋开国皇帝司马炎，统一天下后，不禁有些飘飘然了，就问一位叫刘毅的大臣："卿以为朕可以和汉代哪个皇帝相比？"

刘毅回答说："可与桓帝、灵帝相比。"

司马炎说："我平定东吴，统一天下，把我比作桓灵，过分了吧。"

刘毅回答说："桓灵卖官，钱入官库；陛下卖官，钱入私门。由此说来，还是不如桓灵。"

原来汉灵帝敛财是为了增加国家财政收入。看看明朝天启帝和崇祯帝的困境，就能猜到汉灵帝的困境。天启帝重用宦官对付东林士大夫集团，崇祯帝号召官员们捐款，其实都是为了解决国家的财政危机；汉灵帝既重用了宦官又变相逼捐官员成功了，他在豪门士族笔下的历史形象能好得了吗？

说这么多，就是为了告诉大家，真实的历史可能并不是史书里写的那样。豪门士族集团在三国时代是一支非常重要的力量，可以说，天下是皇帝和豪门士族共同掌管的天下。这才让司马懿家族有机会取代曹魏。司马懿本身就出身于豪门士族集团，司马懿家族能架空曹魏并最终取代曹魏，离不开豪门士族集团的支持。当然司马懿的个人因素也同样重要，如果司马懿没有那么长寿，如果司马懿没有那么受到曹丕的青睐，如果司马懿后来没有转入军队系统，那取代曹魏的可能就是豪门士族的其他成员了。

目 录

第四章 艰难的帝王路

第五章 火速蹿升的司马懿

第六章 曹叡的开局

第一章 生逢乱世的司马懿

一、投胎是门技术活儿

司马懿，字仲达，三国时期的著名权臣，河内郡温县（今河南省焦作市温县）人，东汉末年出生于河内郡的一个世家大族。据史料记载，司马懿的先祖是跟随项羽灭秦的司马印，秦灭以后，司马印被项羽封为殷王，封地在河内郡，从此司马家世代居住在此地。西汉时期，司马家并不显赫，到了东汉时期，司马家逐渐发展成了门阀士族。虽然此时河内司马家还比不上四世三公的汝南袁家那么显赫，但也混成了累世郡守的高官世家。司马懿的高祖父司马钧官至左冯翊，曾祖父司马量官至豫章郡太守，祖父司马儁官至颍川郡太守，父亲司马防官至京兆尹。也就是说，从司马懿的高祖父司马钧开始算起，到司马懿的父亲司马防这一代，司马家连续四代都做到了郡太守级别的高官，其家族不可谓不显赫。司马家到了司马懿这一代，家族人丁也十分兴旺，司马懿兄弟共有 8 人，从大到小依次为司马朗、司马懿、司马孚、司马馗、司马恂、司马进、司马通、司马敏，俱知名，因每人的字中都有“达”字，故时号“八达”。据说，司马懿的父亲司马防对待儿子们的家教很严格。在儿子们弱冠之后，司马防仍然要求他们“不命曰进不敢进，不命曰坐不敢坐，不指有所问不敢言”，可见司马家的家风之严。也许正是司马家严格的家风，帮助司马家在后来的乱世中成就了伟业。

司马懿出身于四世郡守的家庭，在当时属于典型的门阀士族阶层，能生在这样的家庭里，不得不说司马懿的投胎技术相当的高超。这样的家世放在今天那绝对可以称得上是牛气冲天的官二代了，但在东汉中后期的上层社会也并不稀奇，因为东汉的社会本身就是一个门阀士族异常强大的社会，东汉开国皇帝光武帝刘秀就是依靠豪强地主起家的。经过了一百多年的发展，到了东汉后期，东汉的各级政府几乎已经被门阀士族把持了，他们通过姻亲、师生等裙带关系相结为朋党，将权力和官位私相授受，相互举荐提携对方的子侄，垄断了官场资源。此时，东汉选拔官员的察举制和征辟制几乎已经成了官二代们的专属游戏了。用现在流行的一句话来形容，就是阶层已经固化了，平民阶层的晋升通道几乎被堵死了。在这种社会背景之下，出身于累世郡守家庭的司马懿，可以说从出生开始就已经赢在起跑线上了，后来司马懿出仕做官那就是理所应当的事了。

二、精心设计的政治格局

司马懿出生于东汉光和二年（179），正值汉灵帝在位时期。先说一下当时的政治背景。前面已经说了，东汉中后期的官场已经是袁绍家族、司马懿家族，这样的门阀士族横行的官场了，面对这种情况，东汉的皇帝们是无论如何也高兴不起来的，因为日益膨胀的门阀士族集团，会严重地削弱皇权。照这样发展下去，官员的提拔任用，首先是血统说了算，而不再是皇帝说了算。门阀士族们如果再团结成铁板一块，整天结党串联，甚至私下成立政治团体，大搞江湖帮派的那套把戏，选出什么“三君”“八俊”“八顾”“八厨”等大佬作为话事人和代言人，再通过操纵舆论，暗箱操作等手段干涉朝廷的重大人事任命，那任何皇帝面对这些所作所为，恐怕都会忧心忡忡地睡不好觉的。长此以往，帝国的诸多政治、军事资源都会流进门阀士族集团的手中，皇帝之所以能控制朝臣、发号施令，只是因为手里掌握着庞大的军政资源，如果皇帝丧失了这些资源，那就是个任人摆布的傀儡了。皇权一旦被架空了，谁能保证西汉末年王莽篡汉的戏码不会在东汉重演？

出于维护皇权的需要，皇帝必须要想方设法制衡门阀士族集团，于是东汉早先的皇帝们精心设计出了一种政治格局，那就是大力扶持重用宦官集团，赋予内廷的宦官集团足够的军政权力，让内廷的宦官集团和外廷的门阀士族集团相互制衡，利用宦官集团来遏制门阀士族集团野蛮生长，这样才可以保持皇权的神圣和权威。在我们的传统史书里，宦官群体大多数都是一群没知识没文化、又愚蠢又贪婪的人，可东汉中后期的皇帝们就是一个比一个昏庸，一个比一个无脑，偏偏就要信任重用这群人。其实真正的政治哪有那么简单，皇帝之所以坚持偏袒信任宦官集团，除了因为宦官群体没有威胁皇权的实力之外，更因为宦官群体跟门阀士族集团有着天然不可逾越的鸿沟。能让孩子从小就进宫当太监的家庭肯定不可能是门阀士族，可以说，宦官群体基本都来自穷苦的平民子弟。既然通过正规的察举制进入官场的通道已经被堵死了，那进宫做太监就成了贫民子弟进入官场的唯一通道了。形象点儿比喻，有《易筋经》可练，那没人会选择去练《葵花宝典》，问题是普通人没机会练《易筋经》，那就很难抵挡《葵花宝典》的诱惑了。

只要进宫加入了宦官队伍，这些贫民子弟就有机会获得良好的教育资源。经过筛选，他们当中比较优秀的都会受到良好的教育，毕竟他们当中的佼佼者将来会给皇帝做机要秘书。可以想象，能够辅佐皇帝处理军国大事的宦官那一定是有一流的政治才能，否则宦官集团又拿什么跟外廷那些有知识、有文化、有谋略、有胆识的门阀士大夫集团斗智斗勇呢？只不过承认宦官的优秀对门阀士族而言，是不可能的事情，所以在门阀士族们写的传统史书中，宦官多是负面形象。

可以想象，一旦贫民出身的宦官们出人头地，自然也会大力拔擢自己的亲友出仕做官，拉拢培植自己的政治势力。在政治资源有限的情况下，这必然会损害门阀士族的利益。面对这种情况，门阀士族集团自然不会无动于衷。本来他们就鄙视出身低贱的宦官群体，大儒董仲舒早就说过“明明求仁义，常恐不能化民者，卿大夫之意也。明明求财利，常恐困乏者，庶人之事也”意思是像士族们，天生就是当官的料，自然就应该是指点江山、教化万民的，而那些出身低贱的人们天生就应该是为了吃上一口饱饭而每天努力忙碌挣扎，保持着吃了上顿愁下顿的状态。

在门阀士族们看来，一群出身低贱又心理扭曲的宦官们居然爬到了门阀士族的头上颐指气使，宦官的亲属们居然来跟门阀士族子弟抢官职，这还有天理吗？化用现在流行的一句话说，那就是我家几代人的积累，凭什么输给你这一刀宫刑之人？

所以一旦有机会，门阀士族们就会疯狂地打击宦官集团及其亲属爪牙，其中的激进派更是没有机会也要创造机会，宁可触犯法律也要千方百计地打击宦官集团和他们的亲属爪牙。据史书记载，士族党中名称“八俊”的李膺做河南尹时，诛杀已经获得大赦的张成父子（太监爪牙）；李鹰做司隶校尉时，直接冲到太监张让家中，抓捕张让的弟弟张朔，审讯之后诛杀；廷尉冯绲直接把大太监单超的弟弟、山阳郡太守单迁打死在狱中；大司农刘祐没收中常侍苏康、管霸购买的大批房地产；东海国宰相黄浮诛杀大太监徐璜的弟弟、下邳令徐瑄全家；太原郡太守刘瓆也是在朝廷大赦令之后，将宦官小黄门赵津诛杀；南阳郡太守成瑨做得更绝，他下令逮捕了宛城富商张泛（太监亲属），恰逢朝廷颁布大赦天下令，成瑨根本不予理会，将张泛及其宗族、宾客二百余人，全部处死，事后方才奏报朝廷。类似的这种事情数不胜数，这里就不一一举例了。

总而言之，门阀士族集团为了打击宦官集团，不惜枉顾皇帝诏令，不惜违反国家法律，不惜草菅人命，这样的打击行动绝对超出了正常的执法范围，可以称得上是无法无天了，汉桓帝刘志为此龙颜大怒，于是大批的涉事官员被罢官下狱，同时把这些官员禁锢终身（终身不得做官），这就是东汉历史上大名鼎鼎的第一次党锢之祸。

当然了，可以想象，宦官及其亲属爪牙们也肯定不是啥善男信女，作为政治暴发户，他们往往更会为非作歹、违法犯罪，门阀士族跟他们相比也不过是五十步笑百步罢了。本来只是双方的权力斗争，但在士大夫集团的笔下被描述成了正义和邪恶的斗争。其实当时东汉的官场可以说是天下乌鸦一般黑了，当时有一首童谣充分表达出了底层人民群众对东汉官场丑态的不满：“举秀才，不知书。举孝廉，父别居。寒素清白浊如泥，高第良将怯如鸡。”这就是东汉官场的真实写照。

总而言之，从维护皇权的角度出发，东汉中后期的皇帝们必须要打压门阀士族们的嚣张气焰，所以才会不断支持宦官们反击门阀士族集团。为了保证皇权稳固，东汉的皇帝们会赋予宦官集团很大一部分的军政资源，并以制度的形式固定下来，这点并不会因为帝国皇帝的更换而改变，也不是权臣能够轻易改变的。这使得宦官集团始终保持有抗衡门阀集团的实力，也是东汉诸多的小皇帝们在成年之后能够依靠宦官集团的支持打倒权臣翻盘成功的基础。

三、你死我活的斗争

汉灵帝刘宏是东汉最后一位拥有实权的皇帝，汉灵帝的前任皇帝是汉桓帝刘志，汉桓帝正是依靠宦官集团的力量才把不可一世的权臣梁冀打翻在地的。汉桓帝没有子嗣，永康元年（167）十二月汉桓帝驾崩之后，外戚窦武拥立了 12 岁的解渎亭侯刘宏即位，即汉灵帝。也就是说汉灵帝在即位前并不是诸侯王，甚至连县侯乡侯也够不上，只是一个小小的亭侯，通俗点儿说就是享受一个村子赋税的贵族。汉灵帝跟汉桓帝的血缘关系比较疏远，原本帝位是轮不到他的，因为汉桓帝虽然没有儿子，但是有亲弟弟，外戚窦武放着汉桓帝的亲弟弟不立，而拥立刘宏为帝实在说不上什么大公无私。虽然后来的史书把窦武吹上了天，使窦武以一副大公无私的忠臣形象存于史册，但实际上窦武拥立刘宏为帝，无疑是因为刘宏年纪幼小，同时又跟先帝血缘疏远、爵位不高。很明显刘宏的政治实力薄弱，没什么根基班底，这跟上一位外戚权臣梁冀放着“年长有德”的清河王刘蒜不立，反而拥立15岁的蠡吾侯刘志为帝，在本质上也没什么区别。讽刺的是，梁冀在史册上是大奸大恶大反派的形象，窦武在史册上却是疾恶如仇的大忠臣形象。

更为严峻的是，12岁的汉灵帝刘宏刚刚即位，屁股还没坐热，窦武就和士族领袖陈藩谋划要一举铲除内廷的宦官集团，清除宦官参政。不料事情泄露，宦官集团当机立断，先发制人，派人搜捕窦武。窦武得到消息赶紧逃到了军营中，组织士兵反击宦官集团。结果却让人大跌眼镜，军营中的士兵们根本不听窦武的命令，纷纷向宦官集团倒戈投降，窦武走投无路只好自杀，士族领袖陈藩也因此被杀。从这次事件也能看出，宦官集团手中掌握着丰富的军政资源，并在军队中有着不可低估的威望。可以预料，假使窦武和陈蕃的谋划成功，铲除了宦官集团，那东汉的先皇帝们精心设计的内廷宦官和外廷士族两派相互制衡的权力平衡就会被打破，门阀士族领袖外戚窦武自然就可以大权独揽，到时候估计汉灵帝将难逃沦为傀儡的命运，因为一旦宦官集团被打倒并丧失了军政资源，皇权将失去最后的屏障，汉灵帝的下场也未必会比他儿子汉少帝刘辩强到哪儿去，而窦武也未必不会是下一个王莽。

别看窦武被士族集团捧为“三君”之首，一副道德君子的模样，但别忘了，王莽在篡位之前也是个道德楷模啊，虽然窦武、陈蕃等人口口声声都说铲除宦官集团是要替天行道，但看看东汉历史上的那些从外戚手里夺权翻盘成功的小皇帝们，哪个不是靠着宦官集团的力量才完成的？熟悉三国历史的人都应该知道，汉灵帝死后，宦官集团被袁绍等人彻底打倒，丧失了所有军政资源，于是汉少帝和汉献帝都再也没能从权臣手里夺权翻盘成功，他们两个一个被权臣杀害，另一个一生都被各路权臣玩弄于股掌之中。如果把时间轴再拉长一些，看看后来魏晋南北朝时期的一个个傀儡小皇帝们，那时确实没有宦官专权再出现了，宦官们也不再拥有军政资源了，结果就是再也没有一个傀儡小皇帝能翻盘夺权成功，于是他们一个又一个地被权臣废黜或者杀害了。从皇权的角度来考虑，东汉的皇帝们让宦官集团拥有巨大的军政权力，虽然有很多弊端，但这未尝不是一种非常实用的选择。

汉灵帝时期的这次外戚士大夫集团和宦官集团的激烈斗争，导致了第二次党锢。这次宦官集团不再手软，对门阀士族痛下杀手，此次打击力度要比第一次党锢大得多，共有几百名官员因此丧命，大批激进的门阀士族官员被免官并禁锢终身。这次打击之后，门阀士族和宦官集团的矛盾越发严重，虽然宦官集团暂时占据了上风，但是门阀士族有着强大的社会基础，汉灵帝还要依赖门阀士族这些地方豪强维持基层统治，宦官集团始终无法动摇门阀士族的根基，只要时机成熟，门阀士族就会卷土重来。中平元年（184），这个机会就到来了，钜鹿人张角带领数十万太平道教众发动了黄巾大起义，一时间，州郡失守、吏士逃亡，京都震动。汉灵帝害怕被禁锢的门阀士族和黄巾军合作，倾覆东汉朝廷的统治，不得不对士大夫集团作出了妥协，赦免党人，解除了党锢，毫无意外，大批之前被党锢的门阀士族又出任了地方军政长官。

黄巾起义虽然仅仅持续了九个月就被镇压了，但天下并没有恢复太平，黄巾起义只是拉开了天下大乱的序幕而已。可以说是一波未平，一波又起，黄巾起义刚刚被镇压，东汉帝国的凉州又爆发了大规模的羌乱，凉州羌民和汉族地方豪强韩遂、马腾等人合流发动叛乱，屡次大败朝廷的军队，黄巾军分散在各地的残部也趁势造反作乱，大有星火燎原之势。为了镇压此起彼伏的各种叛乱，汉灵帝不得不一再将权力下放给地方。中平五年（188），在宗室官员刘焉的建议下，汉灵帝设置了集一州军政大权于一身的州牧（全国一共被划分为十三州）。就这样，在镇压黄巾起义和凉州羌乱的过程中，各地逐渐形成事实上的军阀割据的局面。随着东汉中央政府控制力的一降再降，天下大乱已经不可避免。

中平六年（189），汉灵帝去世，汉灵帝的长子刘辩继位，是为汉少帝。少帝的母亲何太后临朝称制，由何太后的哥哥大将军何进辅政。在门阀士族的鼓动下，外戚何进也走上了前辈窦武的老路，要铲除宦官集团。新一轮宦官集团和外戚士大夫集团的斗争又开始了。斗争的结果是，大将军何进被宦官集团诱杀，门阀士族的代表司隶校尉袁绍率军杀进宫中，团灭了宦官集团，东汉宦官集团自此退出了历史舞台。当然此后的东汉小皇帝也再无法摆脱成为傀儡的命运了。镇压凉州羌乱过程中，军阀化的董卓军事集团趁双方内斗的机会带着西凉兵进入首都洛阳，迅速控制了东汉中央政府。董卓为了加强自身的权力，不惜冒天下之大不韪，废汉少帝刘辩，鸩杀何太后，改立刘辩的弟弟陈留王刘协为帝，即汉献帝。董卓的这种废帝杀后的行为果然引发了关东各地军阀的联合起兵讨伐。初平元年（190）正月，渤海太守袁绍、后将军袁术、冀州牧韩馥、豫州刺史孔伷、兖州刺史刘岱、河内太守王匡、陈留太守张邈、广陵太守张超、东郡太守桥瑁、山阳太守袁遗、济北相鲍信等十一路诸侯联合起兵讨伐董卓，至此，东汉中央政府名存实亡，天下进入了军阀大混战的时代。值得一提的是，起兵讨伐董卓的这十一路诸侯中的大部分都是几个月前才拿着董卓颁发的委任状去各地走马上任的。事实上，董卓刚刚进京控制中央政府，就马上以中央政府的名义发布公告，公开为“党锢之祸”中遇害的窦武、陈藩等士族党人平反了（之前汉灵帝只是赦免了士族党人的罪行，并没有给他们平反）。紧接着董卓又提拔了一大批士族名流到中央和地方担任高官。董卓的本意是想拉拢门阀士族集团，通过与士大夫集团的合作，来加强中央政府的集权，并巩固自己帝国执政官的地位，毕竟没有门阀士族的支持，董卓控制的中央政府很难得到全国各地的认可。结果士大夫集团根本不领情，不屑与董卓为伍，董卓的种种拉拢示好最终成了作茧自缚，自己给自己挖下了一个深坑，士族名流们到地方担任刺史郡守之后联合地方豪强纷纷起兵讨伐董卓，这才有了十一路诸侯讨伐董卓的剧目。

四、颠沛流离的少年

司马懿正是出生成长在这样纷乱的历史大环境中，他虽然出身豪门，可幼年便遭逢天下大乱，注定了他这一生无法像他的祖辈们那样循规蹈矩地在官场上行进了。中平六年（189），董卓带兵进京的时候，司马懿的父亲司马防正在朝中任职，自然也被卷进了董卓之乱的旋涡。当时司马懿年仅 11 岁，开始他并没有随父亲在洛阳生活，而是和大哥司马朗一起在老家河内郡温县生活。这时司马朗已经 19 岁，作为司马家的长子，司马朗肩负起了管理司马家族的重任。而司马懿是一直在父亲和大哥的庇护下成长的。

初平元年（190），关东联军发布檄文宣布起兵讨伐董卓，洛阳附近的县邑即将面临战乱，一时间洛阳附近的百姓都人心惶惶，各种民变和骚乱层出不穷，河内温县的司马家也受到了贼盗劫掠，于是司马朗带领全家来到京师洛阳投奔父亲司马防。这是司马懿跟随大哥司马朗的第一次逃难。不幸的是，司马懿兄弟刚到洛阳不久，董卓在关东诸侯联盟和黄巾军余部白波军的双重军事压迫下，决定放弃洛阳，挟持汉献帝和朝中大臣迁都长安。那时司马防的官职是治书御史，算是皇帝的近臣，也在西迁大臣名单之列，连同司马防的家眷也要跟着西迁。就在满朝文武及其家眷准备搬家去长安的时候，司马防感觉董卓擅权乱国难以长久，西去长安祸福难料，于是他私下命令长子司马朗带着司马懿等家属偷偷离开洛阳再返回故乡，远离是非之地。

我们相信司马朗当时听到父亲的这个命令时内心一定是崩溃的，他为了避祸好不容易从老家温县来到洛阳，结果刚出龙潭又入虎穴，屁股还没坐热，就又要返回老家温县。

更惨的是，司马朗行事不周，要逃亡的行为被人告发，遭到逮捕。董卓闻讯之后怒不可遏，因为之前逃离洛阳的士族们大都参加了讨董联盟，给董卓造成了很大的麻烦。于是董卓亲自审问司马朗，眼看司马朗就要性命不保。关键时刻，司马朗发挥了家族遗传的影帝级表演天赋，舌灿莲花，在对董卓肉麻的吹捧中，十分委婉说出了自己无官无职，之所以逃亡是因为害怕兵灾战乱，并不是要投奔关东诸侯联军。司马朗运气也足够好，董卓见少年司马朗仪表堂堂，又口齿伶俐，不禁想起了自己过世的儿子，心生怜意，就放过了司马朗。

捡回一条命的司马朗依然不死心，通过重金贿赂董卓的亲信，这才得以带着家属返回家乡，这是司马懿跟着大哥司马朗的第二次逃难。这次司马朗回乡后，成熟了不少，他知道家乡河内郡离洛阳太近，必然会成为关东联军和董卓的交战中心，早晚难逃战火。这次司马朗长记性了，知道必须去找一个真正安全的地方躲一躲，经过深思熟虑，司马朗想到了在冀州魏郡黎阳有个八竿子勉强打得着的亲戚在那做统兵的将领，于是司马朗又带着弟弟们躲到了黎阳避祸，这是司马懿跟着大哥司马朗的第三次逃难。这次比较幸运，司马家在黎阳得到了姻亲赵威孙的兵马保护，过了几年安稳的日子。

到了兴平元年（194），黎阳也不安全了，曹操和吕布两大军阀为争夺兖州，在濮阳对峙，战火又波及临近的黎阳，此时老家温县反倒已经没了战乱，相对比较安全。于是司马朗又带着弟弟们再次返回了家乡温县，这是司马懿跟着大哥司马朗的第四次逃难。就这样，司马懿的少年时代跟着大哥司马朗各种颠沛流离，在乱世中求得生存，实属不易。在大哥的教导下，司马懿总算顺利长大成人。不得不说，司马家在乱世中得以保全，作为司马家长子的司马朗居功至伟，他表现出来的智慧和胆识颇为不凡，但当时没人会想到，日后在史书上，司马朗会被弟弟司马懿的万丈光芒所遮盖。

第二章 执着的老板曹操

一、曹操的崛起

初平元年（190），东汉中央政府和洛阳的数十万百姓在董卓的强迫下开始西迁长安，不过董卓本人没有跟随西迁，而是仍然坐镇洛阳指挥军队抵御关东联军，此时关东诸侯联军利用军队数量上的优势，已经形成了对洛阳的北、东、南三面包围之势，袁绍、王匡屯兵在洛阳北面的河内郡（司马懿老家），张邈、刘岱、桥瑁、袁遗和鲍信等人屯兵在洛阳东面的酸枣县，袁术则率军驻扎在洛阳南面的鲁阳。尽管如此，关东诸侯联军还是畏惧西凉军的战力，仍不敢主动进击董卓，一时间双方进入了相持阶段。不过这种平衡很快就被一位英雄人物打破了，这位英雄率领一支八千人的部队，主动进攻董卓，结果毫无意外，他连董卓和吕布的面都没见到，大军走到荥阳汴水旁的时候，被董卓手下的非著名将领徐荣打得几乎全军覆灭，连这个英雄本人都被流矢射中差点丧命，最后狼狈地逃回了大本营。这个有点悲催的英雄人物就是魏国的奠基人曹操。

曹操本是官宦之后，当然了，把官宦这两个字倒转一下，也没问题，曹操的父亲曹嵩是宦官曹腾的养子，曹腾自幼入宫做宦官，曾经侍奉过东汉四代君主，在宫中曾经担任过中常侍、大长秋等高级职务，还被封为都亭侯，可以说是宦官中的成功人士了。曹腾的情商很高，为人圆滑，在太监中算是一个异类。他为人低调谦恭，最重要的是，他特别注意和士大夫集团搞好关系。他向皇帝举荐过很多名士，甚至对士大夫集团不惜以德报怨。据史书记载，蜀郡太守托人向曹腾行贿，被益州刺史种暠弹劾，结果皇帝袒护曹腾没有追究此事。事后曹腾并没有记恨种暠，还常常在皇帝面前称赞种暠的才能，种暠因此也不断升迁，后来种暠当上了三公之一的司徒，还时常对人感慨说："我能当上司徒，都是得益于曹常侍的帮助啊。"曹腾正是靠着自己的超高情商与士大夫集团建立了良好的关系。也正是得益于和士大夫集团的良好关系，曹操的父亲曹嵩仕途才能一帆风顺。曹嵩曾任司隶校尉、大司农、大鸿胪等高官，最后据说靠着给国家巨额捐款，当上了三公之首的太尉，可以说位极人臣了。正因为曹操出身于这样的高官之家，所以他 20 岁就得以举孝廉出仕做官，30 岁就做到了两千石的济南相，仕途一片辉煌。

虽然曹操也出身于高官家庭，但他毕竟不是正统的门阀士族家庭，而是门阀士族们最瞧不起的宦官之后，所以仍然免不了受到一些门阀士族们的歧视，曹操的家族名望是远远赶不上袁绍家族这样的顶级门阀士族的。所以在董卓废帝之后，虽然曹操和袁绍做出了同样的选择，都选择了逃出洛阳（正史里并没有曹操刺杀董卓的记载），但董卓对待他们二人的态度却是天壤之别。袁绍逃出洛阳被董卓封为渤海太守、邟乡侯；曹操逃出了洛阳却被一路通缉捉拿，险些丢了性命。

曹操从洛阳好不容易逃到了兖州的陈留郡，在这里曹操开始了第一次创业。陈留太守张邈是曹操在洛阳的故交，于是在陈留太守张邈的支持下，曹操得到了当地豪强卫兹的资助，招募了一支五千人的军队，跟随太守张邈起兵反董，进驻酸枣县。虽然曹操此时有五千多人的军队，但他一无地盘二无正式官职，此时还够不上一路诸侯，严格来说他只是张邈的手下，因此讨伐董卓的十一路诸侯中并没有列上曹操的名字。十一路诸侯联军成立之后，曹操的旧友袁绍、张邈都位列一方诸侯，尤其袁绍还被选为了盟主。曹操自然是不甘久居于人下，正是这个原因，使得曹操做了进攻董卓的出头鸟。在董卓大军和反董联军僵持的时候，急于出头的曹操，率领数千毫无战斗经验的新兵，贸然出兵进攻久经沙场的董卓西凉军，被打得全军覆没也在情理之中。

汴水一战几乎输光了曹操的全部家当，连曹操最重要的投资人卫兹也阵亡于这次战役之中。可以想象，曹操一定是灰头土脸地回到了酸枣大本营。曹操不甘心失败，号召诸侯联军继续大举进攻董卓，结果各路诸侯没有一个搭理他的。显而易见，曹操率军轻敌冒进大败而回，各路诸侯肯定会觉得曹操军事才能平平，只会夸夸其谈，怎么可能听从曹操的号召？尤其是曹操的上司张邈，在曹操大败而回之后并没有给曹操及时输血补充士卒，这等于放弃了对曹操的扶持，一时间曹操变成了尴尬的光杆将军，再待下去也毫无意义了。

输光了本钱的曹操并不气馁，决定南下扬州，开始第二次创业。曹操之所以要到扬州募兵，主要是因为扬州的丹阳兵是当时著名的劲旅，丹阳民风彪悍，是盛产精兵之地。《三国志记》记载："(陶)谦以丹阳兵四千益先主，先主遂去(田)楷归谦。"也就是说后来徐州刺史陶谦曾经用四千丹阳兵作为薪酬把刘备从青州刺史田楷那挖过来，让刘备给自己打工了。可见丹阳兵的战力在当时是非常不一般的。

曹操到达扬州后，扬州刺史陈温和丹阳太守周昕都很给曹操面子，这两位地方长官直接给了曹操四千丹阳兵，募兵工作出奇的顺利。落魄的曹操为什么能有这么大面子呢？要知道这次募兵跟曹操第一次募兵还有着明显的不同。曹操第一次募兵，是在好友陈留太守张邈的支持下完成的，曹操拉起的队伍也是从属于张邈的。而曹操第二次募兵拉起队伍是直接带离扬州的，史书上没有明确记载曹操为什么有这么大面子，但从后来曹操募兵完成后的去向，应该也不难猜测，原因不是因为曹操的面子大，而是因为袁绍的面子大。曹操离开张邈以后应该是转而向联军盟主袁绍请求帮助了。袁绍家族是四世三公的顶级豪门贵族，袁家号称“门生故吏遍天下”，袁绍本人当时也已被推举为关东讨董联军的盟主。曹操和袁绍是发小，关系非常要好。袁绍当时也急于扩张势力，于是支持曹操二次创业，给自已增加一个帮手，曹操南下扬州应该是带着袁绍的介绍信的，否则不会那么容易募到兵卒，也就是说曹操南下替袁绍联络招揽扬州的军阀，所以靠着袁绍的面子，曹操在扬州募兵才那么顺利。然而二次创业也不是那么容易的，就在曹操完成募兵率军北上途中，士卒们发生了哗变，一夜之间大半士兵逃散，四千士兵最后只剩下了五百余人。曹操无奈只能带着五百余人北上，一路上继续收拢招募士卒。

初平二年（191），曹操统率一路收拢招募的两千多士兵来到了河内郡与袁绍会合，暂时依附于袁绍，在袁绍的扶持下，曹操总算是慢慢恢复了元气。这一年的战争形势已经发生了不小的变化，关东联军中的南路军（袁术的军队）取得了突破性进展，袁术手下的将领孙坚从鲁阳北上进攻董卓，并多次击败董卓的军队，迫使董卓放弃洛阳退往关中，孙坚一举收复京师洛阳。董卓退入关中之后，关东诸侯联军很快陷入了内讧之中，开启了军阀混战的模式。同年，袁绍迫使韩馥让出了冀州牧的位置，袁绍凭借着强大的家族实力和极高的个人名望兵不血刃就取了冀州的控制权。同时曹操也终于迎来了人生中的重要转折。当时有一支农民起义军名曰黑山军，黑山军将领于毒、白绕、眭固等部共十万之众联合攻打劫掠兖州的东郡，东郡太守王肱无法抵挡，于是在袁绍的授意下，曹操率军进入东郡并在濮阳击败黑山起义军白绕部，袁绍趁势上表，推荐曹操担任东郡太守，以防御黑山起义军后续进攻。自此，曹操终于有了一块自己的地盘，正式跻身于郡太守之列。

初平三年（192），曹操先后打败黑山军的于毒、眭固等部，又击败了滞留在东郡的南匈奴于夫罗部，终于彻底平定了东郡。很快新的机会又来了，兖州东郡的黑山起义军刚刚被镇压，青州黄巾军百万之众从西面入侵兖州，声势浩大，攻城略地，锐不可当。兖州刺史刘岱不听济北相鲍信劝阻，轻敌冒进，结果被青州黄巾军所杀。一时间，兖州无主，各郡震恐。正所谓“别人恐惧我贪婪”，在这种危机的形势下，曹操的机会便来了。曹操在陈宫、鲍信等部分兖州实力派的拥戴下接任兖州刺史，领衔抵抗青州黄巾军以保境安民。曹操率部“设奇谋，昼夜会战”，最终击败了这支黄巾军。

当年冬天，粮草耗尽的青州黄巾军连带家眷共计百万人一同归降曹操，曹操可谓一夜暴富，曹操从中挑选出精锐士卒编成一支从属于曹操个人的独立军队，号称“青州兵”。这样，曹操靠着原有曹氏、夏侯氏等宗亲私兵的基础，再加上收服的“青州兵”，一举成为兖州的头号实力派，成功上位兖州刺史，在名义上终于拥有了一州之地，从此有了争夺天下的霸业之资。这距离曹操第一次创业失败也仅仅只有两年时间，可以说短时间内曹操把握住了几次重要机遇，迅速崛起了。

之所以说曹操是在名义上拥有了一州之地，是因为兖州还有很多地方豪强实力派仍然保持着独立的地位，此时曹操兖州之主的地位并不稳固，尤其是曹操的老朋友、老上司陈留太守张邈一直跟曹操貌合神离，张邈和曹操的外援盟友袁绍结怨，袁绍屡次写信给曹操要他杀掉张邈，曹操虽然没有同意，但张邈因此也对曹操心存芥蒂。

就在曹操崛起的同一年，退到关中的董卓却走向了灭亡，其实董卓集团最初进入京师洛阳的时候，兵力并不太多，他之所以能迅速控制东汉中央政府，一个很重要的因素就是，董卓成功兼并了驻扎在京城附近的并州军，但兼并之后董卓集团内部的凉州军和并州军这两大派系产生了尖锐的矛盾，尤其是在董卓把东汉中央政府西迁到长安之后，凉州、并州两大派系的矛盾就更加严重了，这最终引发了并州军将领吕布的反叛。初平三年（192）四月，东汉长安政府的司徒王允联合董卓手下的并州军将领吕布，以突袭政变的方式杀死董卓，并接管了东汉中央政府。董卓的突然被杀，引发了驻扎在关中各地凉州军的大反扑。最终，凉州军攻破长安城，司徒王允被凉州军所杀，中央政府再度被凉州军控制，而吕布率领百余骑兵逃出关中，几经辗转来到了河内郡太守张扬的地盘避难，暂时蛰伏在河内。在吕布逃离关中之后，凉州军内部也很快陷入了内讧之中，关中也开启了军阀混战模式。

曹操成为兖州之主以后，急于加强集权和快速整合兖州军政资源，以对外扩张势力。于是他又犯下了和第一次创业失败同样的错误，那就是操之过急了，这次失误差点让曹操的第二次创业功亏一篑。可以想象，曹操急速在兖州加强集权和整合军政资源，必然会损害兖州原有的各大实力派的利益，这也自然会引起他们的强烈反对，具体表现就是，兖州本土实力派的代言人、名士边让公开站出来跟曹操唱反调，各种讥讽曹操。曹操为了树立权威直接杀了边让，用铁血手段来强力压制反对者，这引发了兖州豪强反对派们的恐慌和愤怒。

兴平元年（194）四月，兖州地方实力派张邈、张超兄弟和曹操身边的助理陈宫等人趁曹操亲征徐州的机会，反叛曹操，他们把吕布接到兖州，拥戴吕布为兖州刺史，以对抗曹操。一时间，兖州所辖各地几乎都背叛了曹操，纷纷站队吕布，据说只剩下甄城、范县、东阿县三个地方还支持曹操，曹操的第二次创业遭遇了断崖式下滑，对外扩张之路也暂时中断。于是曹操顾不上攻打徐州了，匆忙回军平叛，和吕布、张邈等人开始了艰苦卓绝的战争，直到兴平二年年底（196），曹操才彻底平了这场叛乱，这足足用了一年半多的时间。时不我待，平定了兖州之乱后，曹操马不停蹄，立马又开始了对外扩张之路。

建安元年（196）正月，曹操从兖州南下进攻豫州各郡的军阀势力，很快攻占豫州所属的陈国，二月，曹操攻占豫州的汝南、颍川等地，将豫州的大部分地区纳入了自己的控制范围。

同年，汉献帝趁着关中大小军阀混战的机会，在董承、杨奉、韩暹等人的护送下逃出凉州军阀的控制来到洛阳。这对曹操来说，又是一个重大机遇，此时洛阳残破不堪又严重缺粮，东汉朝廷迁到洛阳就必须依赖周边军阀提供物资供应，而洛阳又临近曹操控制的豫州，所谓“近水楼台先得月”，这使得曹操有了控制汉献帝的机会。曹操果断行动，亲自率兵成功把汉献帝从洛阳接到许昌，从此曹操便控制了东汉中央政府。同年十一月，曹操被汉献帝任命为司空，行车骑将军事，百官总己以听。从法理上来说，曹操的身份从一个地方军阀转变成了中央政府的执政官。有了皇帝这张王牌，曹操就能以天子之名行事，更是能以中央政府的名义名正言顺地招揽天下英才了。

二、曹操的橄榄枝

司马懿的父亲司马防对曹操也算有过举荐之恩，曹操步入仕途的第一个官职洛阳北部尉就是司马防举荐的，所以在曹操大规模招募天下英才的时候，也打算对司马家投桃报李。

建安元年（196），司马懿的大哥司马朗被司空曹操征辟为司空掾属，于是司马朗进入了曹操的幕府，正式加入了曹操集团的阵营，开始了宦海生涯。

建安六年（201），司马懿已经22岁，也到了出仕做官的年纪，这一年，司马懿被河内郡推荐为上计掾，所谓上计掾，就是负责统计本郡的钱粮数目工作的小吏。本来这种官职司马懿也是看不上的，还没等司马懿拒绝，曹操的征辟书也到了。此时曹操也听说了司马懿被举荐做官的事，于是派人征辟司马懿到司空府任职，司马懿以患有“风痹”不能起居为由，婉拒了曹操的征辟。司马懿并没有选择像大哥司马朗一样去曹操那做官，个中缘由，后世莫衷一是。据《晋书》记载，司马懿拒绝曹操的征辟是因为司马懿忠于大汉，看到大汉皇室衰微而曹操有不臣之心，所以才“不欲屈节曹氏”，显然这个理由很难让人信服。

此时东汉帝国北方的军阀混战，已经进入了两强争霸的决赛阶段，吕布、袁术、公孙瓒等军阀都被陆续淘汰出局了，北方主要被曹操和袁绍两大集团所控制。袁绍集团拥有冀州、幽州、并州、青州四州之地，曹操拥有豫州、兖州、司州、徐州四州之地，天下一共才十三州，袁绍、曹操二人合计共占了八个州，未来的天下不姓袁就姓曹这已经是显而易见的事了。虽然曹操在建安五年（200）的官渡之战中击败了袁绍的大军，但也只是遏制了袁绍南下进攻的势头，袁绍的实力仍然十分强大，当时曹袁双方势均力敌的格局并没有改变。曹操虽然控制着汉献帝，但东汉中央政府里反对曹操专权的人也并不少。别忘了，上一个控制汉献帝的大权臣董卓一不小心就被内部人火并了，连和董卓关系亲近的大臣蔡邕也受到牵连死于非命。司马家在这种情况下，并不想和曹操深度捆绑在一起。所以司马懿此时不去曹操那做官很可能是因为父亲司马防和大哥司马朗已经进入曹操阵营了，本着“鸡蛋不能都放进一个篮子里”的原则，以司马家谨慎的性格，不能把所有筹码都押在曹操的身上，其实曹操集团内部抱着骑墙态度的官员并不在少数。

况且在东汉年间，名士们拒绝征辟也是常有的事，司马懿年轻时深受好友胡昭的影响，胡昭是东汉末年著名的隐士，对司马懿有救命之恩。据说司马懿年少为布衣的时候，和年长他十几岁的胡昭志趣相投，十分要好。当时司马懿自大轻狂、恃才傲物，因此得罪了一个叫周生的年轻人。这个周生也是个狠角色，纠集了十几个狂徒，要谋害司马懿。胡昭听说了这个消息，立刻涉险去找周生等人，最终在崤山、渑池之间的险要通道上找到了周生等人。

胡昭请求周生放过司马懿，周生不肯，胡昭便声泪俱下苦苦哀求，最终感动了周生，周生答应不杀司马懿，司马懿因此逃过了一劫。

胡昭淡泊名利，袁绍、曹操仰慕他的名声都曾多次派人请他出山，但胡昭始终都不肯做官。司马懿在22岁的年纪，在大哥司马朗已经出仕做官、担当家族重任的背景下，选择像好友胡昭一样拒绝出仕在家“躺平”也是情理之中的事。总之，面对曹操的橄榄枝，年轻的司马懿选择了拒绝，拒绝的理由就是有风痹不能起居。可曹操绝非善类，对待不合作的人是绝不手软的，没有足够的理由就拒绝曹操的橄榄枝，那橄榄枝随时都可能变成屠刀。

曹操本就是多疑之人，听说司马懿重病不能起床所以无法应召之后，并不相信，于是曹操秘密派人潜入司马懿家中查探虚实。司马懿也知道既然以重病的理由拒绝了曹操，那就不能露出破绽。为了提防曹操派人来探查，司马懿索性装病装到底，卧床不起。曹操派遣的密探为了试探出司马懿重病的虚实，假装刺客来刺杀司马懿。面对刺客，司马懿仍然坚持卧床不起。就这样，司马懿终于蒙混过关瞒过了曹操。其实也并非司马懿的装病有多高明，只是司马懿这样的一个毛头小伙子实在不值得曹操耗费过多的精力继续探究其虚实。更重要的是，袁绍集团的威胁尚在，曹操此时并不想过分得罪门阀士族集团。据说在官渡之战后，曹操进入了袁绍的大营里，发现了自己很多的下属官员私通袁绍的书信，甚至远在许昌的很多官员都给袁绍写过示好的书信，曹操并没有顺藤摸瓜查处追究这些写信的人，反而将这些信件当众焚毁了。

曹操为什么不追究这些人？难道是因为曹操胸怀广阔，丝毫不介意吗？显然不是。袁绍家族出身于豫州的汝南郡，袁氏家族四世三公，号称“门生故吏遍天下”，大量的门阀士族、地方豪强都和袁绍家族有着千丝万缕的联系。在袁绍集团实力尚存、威胁仍在的情况下，曹操还不敢过分得罪门阀士族、地方实力派。否则曹操随时都有翻船的危险啊，就像几年前的兖州之乱一样，那可是一夜之间，整个兖州就剩下了三座城池还挂着曹操的大旗。像司马家懿家族这样的门阀士族子弟，即便真的是装病不出仕，但装成如此逼真，曹操也就不能再追究了。

司马懿这一“躺平”就是七年之久，在这七年里，天下形势又发生了巨大的变化。建安七年（202），袁绍病死，袁绍的三个儿子袁谭、袁熙、袁尚和外甥高干分别占据青州、幽州、冀州、并州，相互不服，于是袁绍集团很快分裂了，袁氏诸子为了争夺地盘相互攻伐，曹操利用袁氏集团内讧的机会，又用了整整五年才彻底消灭了袁氏集团。建安十二年（207），曹操扫除了袁氏残余势力，击败了三郡乌丸，虽然关西军阀马腾、韩遂等人还保持着相对独立的地位，但名义上也归附了曹操，曹操基本算是统一北方了。此时，天下十三州曹操占据了九个，按照东汉以前的历史剧本，曹操统一天下似乎就在眼前了。

建安十三年（208）正月，一统北方的曹操为了加强自己的权力，废除了东汉长期使用的三公制度，也就是废除了太尉、司徒、司空这三个官职，并且重新把丞相这个职位搬回历史舞台。同年六月，曹操被任命为丞相，集军政大权于一身，事实上这和当年董卓自任相国已经没什么区别了。

曹操担任丞相以后再次大规模招募人才到丞相府任职，以增强自己的影响力，本来日理万机的曹操早就把司马懿给忘了，在曹操的首席谋士荀彧的举荐下，曹操再次下令征辟司马懿到自己的府上任职。可以说，荀彧是司马懿的伯乐。

荀彧出身于颍川的门阀士族，其叔叔荀爽曾经做过三公之一的司空，其父荀绲曾官拜济南相，荀彧最初和弟弟荀谌一起在袁绍手下任职，据说荀彧觉得袁绍难成大器，所以选择离开了袁绍。当然了，我觉得更可能是因为袁绍手下谋士人才太多，竞争激烈，很难出头，事实上袁绍集团最后之所以失败就是袁绍的几大谋士集团间相互倾轧、严重内耗的结果。比如在官渡之战进入决战的关键时刻，袁绍集团内部的两大重要谋士居然内讧了，谋士许攸跟随袁绍在官渡前线指挥作战，而留守大后方邺城的审配随便找了个理由把许攸的家人全都抓进了监狱，这直接导致了身在前线的许攸背叛袁绍投奔了曹操。正是在许攸的建议和带路下，曹操成功偷袭了袁绍的乌巢粮仓，最终酿成了袁绍军队的大溃败。再比如袁绍手下的谋士田丰曾极力劝阻袁绍不要进兵官渡和曹操大决战，结果后来袁绍真的在官渡之战中大败而回。在袁绍返回邺城以后，由于另一名谋士逢纪的谗言，田丰被袁绍杀害了。荀彧在这样的团队里想出头，恐怕是太难了，所以荀彧在曹操做东郡太守的时候就跳槽投奔曹操了，而荀彧的弟弟荀谌则继续留在袁绍集团做谋士，这也是当时豪门大族的普遍做法，两头下注甚至多头下注才能保证家族长久的昌盛。

荀彧投奔曹操以后凭借自己的才能帮曹操渡过了很多次难关，尤其在曹操差点翻船的兖州之乱中，荀彧的果断行动让兖州还留下了三个忠于曹操的城池。正是有了这三个火种，曹操才能死灰复燃，东山再起，荀彧也很快成了曹操集团的首席谋士，曹操集团的重要战略几乎都是出自荀彧之手。荀彧还为曹操推荐了很多的人才，据裴松之注引《荀彧别传》记载："前后所举者，命世大才，邦邑则荀攸、钟繇、陈群，海内则司马宣王，及引致当世知名郗虑、华歆、王朗、荀悦、杜袭、辛毗、赵俨之俦，终为卿相，以十数人。取士不以一揆，戏志才、郭嘉等有负俗之讥，杜畿简傲少文，皆以智策举之，终各显名。"这么多的人才都是荀彧举荐的，文中的"司马宣王"指的就是司马懿，可以说荀彧举荐的人才大多成了曹魏集团的柱石，荀彧为曹魏集团的发展壮大做出了巨大的贡献。

在荀彧的举荐下，曹操第二次征辟司马懿。不过今时不同往日，此时的曹操已经一统北方，正是强敌已灭、志满意得的时候，自然不会再客气了，曹操直接给传达征辟命令的使者下达了一个命令"若复盘桓，便收之"，意思就说，如果这一次司马懿还推三阻四不肯来，那就直接让司马懿吃牢饭。足见曹操清楚地知道司马懿没病没灾身体倍儿棒，装病的把戏根本瞒不过曹操的法眼。曹操和司马懿摊牌了，司马懿自然不敢再玩装病的把戏，况且此时天下大局已定，袁氏已灭，司马懿"不欲屈节曹氏"也不行了，走仕途这条道路只能给曹操打工了，作为河内郡的门阀士族，总不能到南方投靠刘表或者孙权吧。再者，这一年司马懿虚岁 30 了，在仕途上也算是大龄青年了，家族的兴旺重任使得他没办法再"躺平"下去了。于是司马懿借坡下驴，接到曹操的征辟书就赶紧到曹操的丞相府报到去了。

据三国时期鱼豢私人撰写的史书《魏略》记载，这期间，还有一个插曲。司马懿在家的这段时间倒是也没闲着，刻苦钻研儒家经典，好学的名声在外广泛传播，这大概和诸葛亮出山前大造舆论声势的套路差不多，这可能也是当时很多门阀士族子弟们普遍采用的套路，先积累名气，再让当权者三顾茅庐、多次聘请才出山。

当时曹操的族弟曹洪觉得自己文化水平不高、学识浅薄，于是打算请司马懿来自己的府上做僚属，可是司马懿觉得给曹洪当僚属不符合自己的身份，所以等曹洪亲自上门聘请他的时候，他就拄着拐装病。曹洪也不是傻子，知道司马懿是瞧不起自己，不愿意做自己的僚属，暗自怀恨在心，就跑去曹操那里打小报告，揭发司马懿装病不出仕的罪状。于是曹操很生气，下令再次征召司马懿来曹操府中任职，否则就收捕司马懿，于是司马懿立马把拐杖扔了来到曹操丞相府中报到了。

总而言之，司马懿在虚岁已经30岁的时候，终于结束了“躺平”生涯，选择出仕做官了，只是没人会想到这个大龄青年将来的政治前途会如此辉煌，甚至后来会成为曹魏政权的掘墓人。

第三章

『打工人』司马懿

一、赤壁之战

建安十三年（208），司马懿进入曹操的丞相府担任文学掾，正式成为了一名职场“打工人”。所谓文学掾，就是文学官，而“文学”在东汉时期特指的是儒家经书，丞相府文学掾也就是负责文化教育方面的官员，一般由精通儒家典籍者担任。这倒也适合司马懿，毕竟司马懿在家“躺平”数年，一直刻苦钻研儒学经典，在这方面有一定的名声，这个职位倒是很适合他。

就在司马懿出仕的这一年，还发生了一件大事，那就是赤壁之战。曹操统一北方之后，天下十三州已有其九，割据地方的主要军阀只剩下占据荆州大部的刘表，占据扬州大部的孙权，占据益州的刘璋、张鲁和占据交州的士燮这几个了，这几大军阀全部位于南方，南方虽然地域广大，但当时南方开发程度较低，生产力也较为落后，所以按照此前的历史剧本，一统北方之后，统一南方也只是时间问题。

建安十三年（208）七月，曹操自宛城挥师南下，欲先灭荆州军阀刘表，再顺长江东下消灭扬州军阀孙权。八月，襄阳城中荆州牧刘表去世，面对曹操的大军压境，刘表的继承人刘琮最终在荆州地方豪族的劝说下，投降了曹操。此前依附于刘表集团的刘备得知刘琮投降的决定后，从樊城仓皇率军南撤，退往江陵。曹操派轻骑五千追击刘备，在当阳打败刘备，刘备仅率几十人逃脱，结果曹军顺利占领了长江上的重要据点江陵，曹军势力拓展到长江流域。

当阳惨败之后，刘备只好撤往夏口和部将关羽会合，刘备在撤军途中派遣诸葛亮赴柴桑会见孙权，说服孙权结盟抗曹。孙权命周瑜为主将率三万水军，联合屯驻夏口的刘备军，共约五万人，沿长江逆流而上，迎击曹军。十一月，孙刘联军与曹军接战于赤壁，曹军作战不利，加上军中瘟疫流行，曹军只好退往长江北岸的乌林。孙刘联军继而以火攻打败乌林的曹军，眼见曹军败局已定，曹操只好率军退往江陵。这次南征，曹军损失惨重，只夺取了荆州的北部各郡，荆州南部各郡被孙权、刘备两大集团瓜分，曹操统一天下的进程被打断，三国鼎立的格局也由此被奠定。

关于赤壁之战后世的评论和争议很多，大多纠结于曹军究竟是败于火攻还是败于瘟疫，曹军究竟来了多少人，曹军又到底损失了多少人，等等。其实大可不必纠结于这些细节，我们只需要知道，赤壁之战曹军确实失败了，天下统一的进程被打断了。通过赤壁之战，战争的双方摸清了对方的实力，北方的军队不擅长水战，南方的军队不擅长陆战，所以在北方的军队推进到水网密布的南方之时，往往难以战胜南方的军队；同样在南方军队推进到河流稀少的北方时，往往打不过北方的骑兵。所以此时曹军会大败于赤壁，后来孙权会大败于合肥。这说明随着生产力和交通媒介的发展、人口的迁徙，到东汉末年，南方和北方的差距并没有那么大了。北方常年战乱，人口损失巨大，南方则相对平稳，大量的北方人口涌入南方各州也带动了南方生产力的发展，从此北方军队想征服南方变得异常困难了。

一次赤壁之战并不足以改变历史，我们可以看到在接下来将近四百年，天下只在西晋时期实现过短暂的统一，其余时间大多是南北政权相互对立的局面，这四百年里的大趋势就是南北对立，天下难以统一。以前统一北方之后就可以比较轻松地一统南方的这条经验，在这段时间里失效了。赤壁之战只是天下南北分裂的一个开始。赤壁之战后，曹军十分清楚自己难以在长江流域长久立足，大军长期在江陵驻扎，只能使自己在不利的境地下和敌军交战，在这种地方，战役规模越大可能自己的损失也越大。所以在赤壁之战后不久，曹军便退出了江陵，将防御南方进攻的重要据点转移到了襄阳、合肥一线。孙权和刘备也始终无法突破这一防线。

二、司马懿升职记

赤壁之战虽然很精彩，但似乎没有司马懿什么事。据元代的《三国志平话》描述，司马懿是参与了赤壁之战的。司马懿作为曹操身边的谋士，跟随曹操大军一起南征，在曹军和孙刘联军赤壁相持的时候，司马懿还看破了周瑜打算火攻的计谋，只不过由于徐庶的阻止，司马懿才没有向曹操说破，最终眼睁睁地看着曹操在赤壁大溃败，司马懿俨然一副世外高人的感觉。不过《三国志平话》跟《三国演义》一样，只是一部文学作品，不具有可信度。史书里并没有司马懿参加过赤壁之战的记载，据历史学者们推测，赤壁之战的时候，司马懿应该是没有跟随曹操大军南下的。此时司马懿刚刚被征辟为文学掾不久，应该还在丞相府里熟悉工作，在人才济济的丞相府里，他只是一个默默无闻的职场小白。曹操身边谋士众多，司马懿刚刚参加工作，应该还不够资格跟随在曹操左右出谋划策。

司马懿担任文学掾以后，遇上了生命中的一个最重要的贵人，那就是曹操的儿子曹丕。曹丕此时年仅 21 岁，很可能还没有正式出仕。据史书记载，建安十三年（208）正月，司徒赵温要征辟曹丕为掾属，结果曹操反而大怒，劾奏赵温“选举不实”，结果赵温被免官，紧接着曹操就废除了三公制度，设置了丞相。由此推断，起码这一年正月的时候，曹丕还没有正式出仕。

文学掾本就是负责儒家经学教育相关工作的，司马懿担任文学掾以后，曹操让司马懿陪伴曹丕切磋学问，也是用其所长。这对司马懿来说是一个重要的机会，毕竟曹丕当时是曹操最年长的儿子，将来最有可能成为曹操的继承人，地位十分显贵。就在同一年，司马懿的大哥司马朗也被曹操调入了丞相府，担任丞相主簿，可见曹操和司马家确实是有一定交情的，对司马家多方照顾。曹丕本人也酷爱文学，和司马懿志趣相投，二人一同读书交游，通过这段时间的交往，司马懿给曹丕留下了良好的印象。

总之，结识曹丕是司马懿这一阶段最大的收获，虽然曹丕此时还不能对司马懿的仕途带来什么大的影响，却为司马懿将来的平步青云打下了基础。

司马懿后来升任黄门侍郎，不久又转任议郎。黄门侍郎属于皇帝的近侍，主要是负责皇帝和尚书台之间的公文传达；议郎算是皇帝身边的咨询顾问，也算是一种闲职，不具体管事。由于此时的皇帝汉献帝基本就是个傀儡皇帝，所以这两个职务可以说就是跑腿和陪皇帝聊天的职务。不过这两份工作使得司马懿有了和汉献帝近距离接触的机会，对司马懿的人生应该也产生了一定的影响。在这种岗位上可以经常接触朝中重臣，对于拓展人脉有一定的帮助，另外应该是可以目睹大汉皇帝被权臣玩弄于股掌的生活，内心难免会有所触动。

长期待在汉献帝身边陪聊肯定是没什么政治前途的，要想有发展还得往关键领导身边靠，在大汉朝，曹操才是最关键的那个领导。所以后来司马懿又重新回到丞相府担任东曹属。这应该是司马懿主动要求的，因为这次工作调动后，司马懿的行政级别似乎是下降了。汉代官员的行政级别是以“石”这个单位为标准的，比如丞相是“万石”级，郡太守是“两千石”级，县令是“六百石”级。黄门侍郎和议郎也都是秩六百石级的官员，而东曹属只是东曹掾的副手，并不是部门一把手，秩级也只有二百石。在汉朝丞相府中，“掾”是部门正职，秩级一般为三百石；而“属”是部门副职，秩级二百石。司马懿刚参加工作的时候就是文学掾，也就是说，司马懿起步就是丞相府某个部门的正职了，属于“掾”级干部。后来做黄门侍郎和议郎，秩级达到六百石，属于升官了，现在回到丞相府，成了“属”级官员，连刚参加工作时都不如了。可以说司马懿不惜降低行政级别，也一定要回到曹操身边工作。不过，东曹这个部门负责掌管人事任用，权重比较大，所以东曹部门一把手东曹掾的级别高于一般“掾”级干部，秩级四百石。因此，司马懿这个东曹属虽然级别不高，但权力却不小，辅助部门一把手东曹掾管理两千石级别官员的升迁调动，在人事权上很有影响，算是要害部门的副职领导。从这方面来说，司马懿更受曹操青睐了，不过离飞黄腾达似乎还很遥远。

三、关中易得，东吴难求

建安十六年（211），也就是赤壁之战三年以后，曹操终于开始了新的军事行动。赤壁之战使曹操征服荆州和扬州的计划彻底失败，于是他把目光投向了西南的益州。当时益州北部的汉中被张鲁占据，益州南部被刘璋占领，曹操要征服益州就必须先从汉中的张鲁下手，而进攻汉中最稳妥的路线就是从关中地区南下。问题是曹操一直没有对关中地区进行有效管辖，关中以及凉州等地区一直被众多半独立的军阀所控制，其中以马超、韩遂的力量最为强大，虽然马超和韩遂等人名义上也臣服于东汉朝廷，还都把亲人送到了曹操手里做人质，但他们一直反对曹操的军队进入关中。同年，曹操以讨伐汉中张鲁的名义，派遣钟繇、夏侯渊等人率军进入关中，这立刻引发了关西军阀的集体反叛。马超、韩遂、杨秋、侯选、程银、李堪、张横、梁兴、成宜、马玩等关西十路军阀联合起兵反叛，叛军号称十万人，屯驻在潼关。不过这十路军阀组成的关西联军表面上看声势浩大，实际上只是乌合之众。为什么这么说呢？十万虎狼之师屯驻在潼关，不主动进攻关东，只会被动防守，就等着曹操来暴揍他们。这明显是抱着向曹操示威的意思，幻想曹操能知难而退，不把手伸进关中，让关中和凉州等地区继续维持“不统不独”现状。问题是曹操怎么可能允许关西军阀长久地独立下去呢？

曹操听说关西军阀集体反叛后，不忧反喜。曹操认为，关中地域辽阔，而且这些军阀又都有天险可以据守，如果他们都据险固守，那么要一一击破就比较费力了。如今他们都聚集到了一起，虽然有十万之众，但是这些人实际上是临时结盟，互不统属，缺乏统一指挥，没法产生强大的战斗力。所以他们都聚集到一起，反而好消灭了。

于是，曹操亲率十万大军前来平叛，并且只用了两招儿就把彪悍的关西联军打得溃不成军。

首先曹操采用声东击西的策略，先让大军成功渡过渭水，直接绕到潼关的背后，这一招儿使关西联军丧失了地利优势。其次，曹操又通过离间分化关西军阀的办法，使关西联军陷入猜忌内讧之中，作战时都抱着保存实力的想法。曹军抓住战机趁势进攻，打败关西联军，马超、韩遂败走凉州，杨秋逃回安定郡，其余几路军阀也一哄而散。曹操没费多大力气就平定了关中叛乱。

曹操趁势追击叛军，因为安定郡离关中比较近，所以曹操优先追到了安定，杨秋无力抵抗，选择投降了曹操。本来曹操打算继续深入凉州，彻底歼灭其余的军阀。然而就在这个时候，曹操的后院突然起火了，后方的冀州、幽州发生了叛乱，“河间民田银、苏伯反，扇动幽、冀”。曹操害怕后方不稳，马上引兵返回邺城处理叛乱，留下夏侯渊坐镇长安，负责关中以及凉州的军事工作。曹操的撤离给马超、韩遂等军阀以喘息之机，马超等人利用在凉州羌人、胡人中的影响力死灰复燃，一度占领了凉州陇右地区，大有卷土重来之势。夏侯渊联合凉州本土豪强杨阜等人足足用了三年才彻底清除了关西军阀的残余势力，至此，整个凉州才都被纳入了曹操的统治范围。

马超、韩遂等关西军阀的覆灭几乎是无法避免的。关西的凉州军阀们空有一身蛮力，却无处发挥，缺乏长远战略，始终被曹操玩弄于股掌之间。早在建安七年（202），袁氏集团尚在的时候，袁尚曾派遣高干、郭援率领数万大军与南匈奴军队一起进攻曹操的河东郡，打算在曹操背后捅一刀。河东郡临近关中，当时袁尚就和韩遂、马腾等军阀相约共同打击曹操，结果韩遂、马腾等军阀在曹操的忽悠下，选择和曹军合作打击袁尚，袁尚的军队自然是被打得大败，连主帅郭援也被斩杀。关西军阀们也是给曹操立过不少功劳，只不过这些军阀该反曹操的时候不反，不该帮曹操的时候瞎帮曹操，他们失败就失败在看不清形势，在曹操磨刀霍霍的时候，还始终对曹操存有幻想，最后落得兔死狗烹的下场也是意料之中。在北方一统的大背景下，曹操不可能长久地允许他们割据下去，关中地区和凉州对曹操来说太重要了，不解决关西军阀势力，曹操就无法安心南下攻打益州，所以关西凉州军阀的覆灭是无法避免的。

冀州田银、苏伯的叛乱规模不大，很快就被平定了，没有掀起多大的波澜。曹操通过平定关中之乱，信心大增，重新燃起了一统天下的心思。恰巧刘备这时已经入蜀，把战略中心转移到益州，这正是对东吴孙权用兵的好机会，曹操决心抓住这个机会再发动一次大规模南征，重点打击孙权，一雪赤壁之败的耻辱，不过这次曹操把战场选定在了淮南，这里更接近东吴的政治中心建业。

建安十七年（212）冬，曹操亲自率领大军开始南下征伐孙权，这次出征，曹军号称四十万之众，声势十分浩大。建安十八年（213）正月，曹军抵达淮南前线巢湖，孙权早已亲率大军在巢湖以南的濡须水严阵以待。濡须水是巢湖进入长江的唯一水道，曹军从巢湖出发沿濡须水南下进入长江就可以直逼东吴的大本营建业，所以双方争夺的焦点就是濡须水的控制权。孙权方面早就以水军封锁濡须水，又在濡须水口的两岸构筑了城寨性质的濡须坞，以防范曹军强大的骑兵。曹军虽然在总兵力上占有优势，但在水军方面无论数量还是质量都远远不敌孙权的水军，没有强有力的水军配合，单靠骑兵也很难突破濡须坞。所以双方在此陷入了僵持之中，虽然曹军出其不意，一度攻破孙权方面的一处营地，但孙权很快扳回一局，利用水军优势歼灭曹军数千人。由于水军的劣势，曹军一度被打得闭营不出，始终无法突破孙权的濡须口防线，最终只能铩羽而归，这次南征虎头蛇尾地结束了。曹操的这次南征再次印证了一个事实，那就是一统北方的曹操集团尚不具备征服南方的实力，赤壁之战曹军的失败是必然的，无非就是伤亡多少的问题，这一阶段曹军注定无法征服南方。

四、建国称公

南征的失利，使曹操暂停了对外扩张的步伐，转而把主要精力转移到了加强权力上。其实在平定马超、韩遂等人的关中之乱以后，曹操对东汉政府的控制力就进一步增强了。曹操当然不甘心一直做汉献帝的臣子，他戎马半生，四处征战，当然不是为了给汉献帝作嫁衣，取代汉朝开国称帝才是曹操的终极梦想。所以在平定关中之乱以后，曹操就准备迈出取代汉朝的关键一步，开国称公，先建立一个属于自己的诸侯大国。不过，这个计划遭到了以荀彧为首的士族集团的强烈反对，曹操的计划只能暂时搁浅。

于是在南征孙权途中，曹操逼死了荀彧，清除了建国称公的障碍。曹操南征回来以后，就着手建国称公的事宜了。

建安十八年（213）正月，曹操以复古改制的名义恢复了九州古制，将并州、幽州并入冀州，司州、凉州合并为雍州，把交州并入了荆州和益州，这样天下被划分为兖、豫、青、徐、荆、扬、冀、益、雍这九州。合三州为一的冀州其辖郡和人口都是最多的，而冀州牧正是曹操。曹操打算把冀州打造成自己的专属独立王国，所以才让冀州的范围猛烈扩张。

完成了冀州的扩张之后，曹操终于迈出了代汉自立的第一步。曹操让汉献帝封自己为魏公，给自己加九锡。魏公的封地就是魏国，魏国共有十个郡，国都定于邺城。曹操作为魏国君主，可以像东汉朝廷一样在魏国设置百官。曹操照葫芦画瓢，模仿东汉朝廷在魏国也设置了尚书台这种内阁机构，还设置了郎中令、太仆、大理、大农、少府、中尉等六卿的官职。可以说，在汉献帝的特许下，曹操建立了一个东汉帝国历史上从未有过的超级诸侯大国。这个诸侯国就是一个缩小版的东汉帝国，在魏国之内，曹操就是“皇帝”。魏国建立以后，东汉中央政府迎来了大规模的离职潮，朝廷的高级官员纷纷辞职去魏国担任官职，做了曹操的臣子，曹操通过建立魏国几乎掏空了东汉政府。

曹操当上魏公以后，司马懿也迎来了升职加薪的喜讯。大约在建安十九年（214），司马懿升任丞相主簿，丞相主簿主要负责丞相府内的文书和档案工作，大约相当于丞相的秘书。丞相府里共有四个丞相主簿的编制，一般都由丞相的亲信担任。丞相主簿也是“掾”级干部，时隔多年，司马懿终于又重归“掾”级干部序列。司马懿刚进丞相府时担任的是文学掾，文学掾是丞相曹操新设置的职位，所以文学掾在“掾”级干部中属于末流。而同样是“掾”级干部的丞相主簿，其地位远高于文学掾。虽然丞相主簿的秩级不太高，但其实际地位很高，在曹操时代，有的丞相主簿外放到地方甚至可以直接担任郡太守级别的官员。司马懿担任丞相主簿后仍兼东曹属的职责，也就是还分管人事工作，地位变得显赫了许多。

曹操做了魏公，当然要秀一下实力，于是在建安十九年（214），曹操再次南征老对手孙权，史书上对这次南征语焉不详，总之，南征的结果依然是无功而返。就在这一年曹操和孙权纠缠的时候，刘备发展成功了。刘备占领了益州治所成都，取代刘璋成为益州之主，成为地跨荆州、益州二州的大军阀，实力大为增强。

占领蜀地之后，刘备集团扩张的下一个目标必然就是益州北部的汉中。曹操见刘备势力坐大，终于不再执着于南征孙权了。为避免汉中落入刘备之手，曹操决定抢先攻打汉中的张鲁。

建安二十年（215），曹操亲率大军讨伐汉中军阀张鲁。身为丞相主簿的司马懿也跟随曹操参加了这次军事行动，这也是司马懿第一次在军事行动中崭露头角。此时张鲁的处境十分艰难，张鲁的汉中面积狭小，人口也不多，充其量只是益州一个大郡，北面是曹操，南面是刘备，夹在曹操和刘备之间，闭着眼也知道逍遥快活的军阀生活就要到头了。张鲁实在是看不到前途在哪里，因此面对曹军的大举来犯，抵抗意志并不坚决，只是张鲁的弟弟张卫坚决主张抵抗曹军，打算凭借阳平关的险要地势挫败曹军的进攻。

张卫亲自率领数万大军进驻阳平关，张卫在阳平关所在的山上，横向建筑了十多里的城坞，军队沿城坞驻扎，居高临下，防御曹军。事实上曹军开始的进攻也确实非常不顺利，汉中的阳平关地势险要，曹军连续强攻三天，伤亡巨大，根本无法攻破。更要命的是，曹军军粮准备不足，从关中到阳平关要经过连绵的秦岭，运输非常不便。曹军如果不能速胜，那就只能选择撤军，无功而返了。

就在曹操一筹莫展的时候，幸运之神再次拥抱了曹操。据说曹操的一部分军队在山里迷路了，东绕西绕走了几天稀里糊涂地进了张卫大军的军营，张卫的军队以为曹军攻了上来，四散奔逃，于是曹操趁势拿下阳平关。

总之，曹操顺利拿下阳平关，彻底浇灭了张鲁集团的抵抗意志，张鲁不再抱有侥幸心理，马上率众撤出了汉中治所南郑，前往巴中。临走之时，张鲁派人把府库的物资封存好，将这些物资完整地留给了曹操，以示投诚之意。曹操会意，双方经过了一番谈判，张鲁最终向曹操投降。

五、得陇望蜀

曹操夺取汉中之后，时任丞相主簿的司马懿和另一位谋士刘晔一起建议曹操乘胜继续南下，长驱入蜀，趁机夺取整个益州。司马懿给出的理由是，刘备打着帮助刘璋的旗号进入益州，结果违反诺言，依靠武力胁迫刘璋把益州让给了他，益州人民未必真心拥护刘备，刘备得到益州还没焐热乎就又跑去荆州跟孙权抢夺江陵，现在刘备主力部队不在益州，这是个千载难逢的好机会。现在我军占领了汉中，吓得益州官民人心惶惶，只要再努一把力继续南下进攻益州，一定是唾手可得，错过了这个机会，恐怕这辈子都没机会了。

出人意料的是，曹操犹豫再三，最终没有采纳司马懿和刘晔的建议。曹操的回复是：“人苦无足，既得陇，复欲蜀耶？”意思就说做人不要太贪心，这次出征能拿下汉中已经很知足了，还想着拿下整个益州，那就属于贪得无厌、不切实际了。

说完，曹操就率军班师回朝了，留下夏侯渊镇守汉中。曹操的这种选择令很多人不解，后世对此也争议颇多。为《三国志》作注的史学家裴松之也认为，这是曹操的一次重大失误，丧失了一次平灭蜀地的大好机会。裴松之写道：“魏武后克平张鲁，蜀中一日数十惊，刘备虽斩之而不能止。由不用司马懿和刘晔之计，以失席卷之会。”

由于后来司马懿修成了正果，成为曹魏的战神，更成了大晋朝的高祖宣皇帝，所以后世人觉得司马懿的建议正确无比，给出的理由也很充分。问题是曹操戎马半生，这种简单的理由，曹操会想不通吗？

想想赤壁的前车之鉴，此时才过去几年啊！就在七年前，刘琮跟现在的张鲁一样，投降了曹操，于是曹操席卷荆州，连荆州最南部的几个郡都投降了曹操，可曹操没有见好就收，反而再接再厉沿着长江大举东征孙权，结果不但兵败赤壁，更把吞到嘴里的荆州大部又吐了出去。如果当时收服荆州之后，曹操没有大举东征，而是选择消化巩固既有成果，通过充分整合荆州水军，充分依靠荆州水军，再扶持荆州本土豪强，重点放在防御上，也是有机会顶住孙刘联军的进攻的。毕竟刘表活着的时候，也没见东吴水军能吊打荆州水军啊。当然了，如果曹操打算采用这种保守的打法，肯定也会有谋士跳出来，发表一番“高论”的，强烈建议曹操趁势顺流而下，一举拿下孙权的。理由就是曹操席卷荆州，隔壁的东吴人心惶惶。事实上，东吴就是人心惶惶，以张昭为首的东吴地方豪强都是主张投降曹操的。当时曹操要是不采纳这种“高论”，后世人肯定也会感慨说，曹操如何不听正确建议，所以错失占领东吴的良机。坏就坏在曹操拿下荆州之后选择了东征孙权，所以没有给后世人留下想象的空间和感慨的机会。

其实呢，如果曹操拿下汉中之后选择大举南下攻打益州，谁敢说，等待他的不是第二个赤壁之战呢?

当时刘备拿下益州不久，但好歹也有一年的时间了，司马懿说他人心未附，问题是曹操拿下汉中才几天，人心就都归附了吗?

蜀道之难，难于上青天，这是人所共知的事。从汉中通往蜀地的通道最常走的就是金牛道，其艰险程度还远胜于关中通往汉中的道路。曹操从关中出兵攻打汉中，一个阳平关就差点让曹操打道回府了，更何况现在是要走艰险异常的金牛道，其间多少险关，有多少埋伏，曹操很难保持乐观吧?即便曹军顺利通过蜀道进入了益州腹地，后勤粮草运输仍然是最大的问题，刘备集团被逼急了，只要采用坚壁清野的策略就能让曹军陷入险境。当初刘备兵临成都的时候，刘璋的谋士郑度就劝刘璋来个坚壁清野，将成都城外的老百姓全都迁走，房屋烧毁，树木砍光。城外的粮食物资，能搬进城的都搬进城，搬不走的都烧毁。反正就是来个焦土千里，依仗成都坚固的城墙和充足的粮草储备跟刘备死磕到底，时间一久，刘备因为外敌威胁或者粮草不继必然要退走。最终，刘璋以不想祸害百姓的缘由没有采纳这个建议。曹操大军进入益州腹地如果遭遇刘备方面坚壁清野，那曹军的后勤就只能依赖蜀道运输粮食了，其困难可想而知。如果不能速胜，那曹军屯兵于坚城之下，粮草无以为继，这时候刘备大军从江陵回援，孙权军队也趁机入川，那曹军可能立马就有崩盘的危险，蜀道如此艰险难行，想迅速撤军也很困难。如果这时候刚刚征服的汉中再出点问题，那曹军想跑都跑不了了。

总而言之，曹操的军政重心在冀州（河北）。他的势力在襄阳、合肥、汉中一线已有些力不从心了，在这个战线以南作战，曹军难以长期维持规模庞大的军队。在这种背景下，他的对手又是刘备和孙权那种把脑袋拴在裤腰带上创业的乱世枭雄，所以不论曹操怎样努力，似乎都是很难有结果的。三国时代的天下格局，已和秦汉时的天下格局有了明显的不同。随着生产力的发展，西南和东南的经济比重日益增大；而且西南有崇山之隔、东南有江河之险。天下分裂的局势，几乎是无法避免的了。

所以司马懿“得陇望蜀”的建议也谈不上有多高明，处于打工者的位置，往往想法激进冒险一些，因为本钱是老板的。处于老板位置，当然就要充分考虑风险了，刚刚当上魏公的曹操，还热切希望回朝再进一步做魏王甚至做皇帝呢，有赤壁的前车之鉴，自然不愿意再冒这种风险了。

第四章

艰难的帝王路

一、权臣篡位有多难

曹操率领大军从汉中班师回朝以后，加紧了取代汉朝的步伐。曹操之所以不肯冒险南下攻打益州，某种程度上也是因为急于推进代汉自立的进程。此时曹操已经六十岁，到了花甲之年，也已经不起一场战争的大败了。袁绍在官渡大败后一年多就去世了，后来刘备在夷陵惨败后，不到一年也去世了。曹操在赤壁大败后将近三年的时间里，几乎都没什么作为，基本上一直在休养生息、恢复元气。此时如果南下征讨益州再遭遇一场“赤壁惨败”，且不说曹操能不能挺得过去，就算能挺过去，也势必会大大延缓取代汉朝的进程。如果离世前该给子孙后代铺的路没铺好，那曹操辛苦一辈子，东征西讨，南征北战，又是为谁辛苦为谁甜呢？

建安二十一年（216）四月，曹操又在帝王路上前进了一大步，曹操被汉献帝封为魏王，并且被授予诸多特权，比如向皇帝奏事不称臣，接受皇帝诏书不下拜，在郊祀天地时可以享受天子旒冕、车服、旌旗、礼乐等，出入得称警跸，宗庙、祖、腊皆如汉制，王子皆为列侯。次年，汉献帝又允许曹操在日常生活中享受天子旒冕、车服、旌旗、礼乐等。总之，皇帝有什么待遇，曹操就有什么待遇。曹操的魏国此时又增设了相国和御史大夫的官位，分别由钟繇和华歆担任，加上此前魏国设置的尚书台和六卿，魏国朝廷的配置基本和东汉朝廷看齐了。此后，东汉帝国可能会有一种奇异的现象出现了，那就是同时有两个头戴皇冠、身穿龙袍的人出现在朝会里，尽管这种现象可能不常见，因为曹操大部分时间都在河北邺城办公，尽量避免这种尴尬的撞衫场面出现。

曹操做了魏王，离代汉自立只有一步之遥了，不过这一步，曹操到死也没走完。在现代很多人的心里，曹操大权独揽，皇帝就是个傀儡，所以取代汉朝是个很容易的事。事实上，汉朝是一个有着四百年法统的王朝，在皇权神圣的古代，尤其是迷信图谶天命的东汉，皇权神授的思想早已深入人心。

在汉献帝以前的汉朝四百年历史中，大权独揽的权臣很多，傀儡皇帝也不少，但真正敢于篡位的权臣只有王莽这一个，可王莽落了个什么下场，人尽皆知。而且王莽一辈子爱惜羽毛到了极致，以圣人的标准要求自己，甚至为了得到圣人的名声，不惜弄死两个嫡亲儿子。再者，王莽时代地方上也没有庞大的叛乱势力，这才敢迈出篡位的步伐。而曹操的名声跟圣人是沾不上一点边的，地方上还有着庞大的叛乱势力，所以说曹操篡位的难度是远远高于王莽的。

从现实利益的角度来说，只要曹操还是汉朝的权臣，那他就是权力再大也还是汉献帝的臣子，跟朝中的其他大臣本质上是同事的关系。曹操生前权力再大也很难把这种权力传承给自己的子孙后代。在皇帝是个傀儡的情况下，曹操死后这种权力很可能就要被其他大臣共同瓜分了。可曹操篡位了，那这种权力就可以合理合法地传给儿子和孙子了，就是曹操的七大姑八大姨级别的远房亲戚也都成了高级贵族。举个例子，其他大臣本来见了曹操就是鞠个躬，但如果曹操做了皇帝，那这些大臣不但见曹操要进行三跪九叩这样的烦琐礼节，就是见了曹操的儿子，甚至曹操家穿开裆裤的孙子，或者曹操的侄子等，恐怕都得下跪了，因为人家是皇帝近亲，自然爵位就要高于外臣。表面上，下跪只是个礼仪问题，实际上这是一种对社会资源的划分标志。曹操做了皇帝，那全天下的社会资源就要以曹操家族为中心重新划分了，这大概率是要侵犯众多豪门大佬的利益的。在门阀士族强大的时代，曹操篡位的阻力也会是非常强大的。

这也是为什么曹操做魏公、魏王也有诸多大臣反对的原因，因为这已经涉及了很大一部分的社会资源的重新划分和权力的世袭。不过说到底，做魏公、魏王在法律上也只是涉及十个郡范围的权力世袭，而做皇帝涉及的是整个天下的权力世袭。就好像民国初年，袁世凯做总统，众多的北洋大佬都热烈拥护，举双手赞成，可袁世凯一做皇帝，立马成了孤家寡人。所以代汉自立是一个系统性的大工程，不可能一蹴而就，这需要慢慢推进，需要曹操逐步将那些不配合分庭抗礼的大臣们清理出局。在天下尚未一统的背景下，曹操不管不顾地贸然称帝，那随时都可能步了袁术的后尘。在赤壁大败以后，曾有很长时间，朝廷内外的舆论都对曹操十分不利，当时攻击曹操为乱臣贼子的帖子满天飞，以至于曹操最终不得不发表《述志令》来平息朝野舆论的非议。可见在东汉帝国朝廷里，反对曹操篡位的势力也是不容小觑的。

二、司马懿的劝进

曹操做上魏王以后很快把精力转回到军事扩张之上，再次发动了南征孙权的军事行动，因为战争是一种集权的高效方式，利用战争可以名正言顺地调动各项社会资源，曹操也需要通过战争不断加强权力。早在曹操率领主力大军攻打汉中之时，孙权就趁着淮南地区曹军兵力薄弱之机，大举北上围攻淮南重镇合肥，结果孙权被曹操留在合肥的守将张辽打得大败而回。据说这次出征孙权出动了十万大军，而张辽手下只有七千军队，十万对七千，结果却让人大跌眼镜，连孙权本人都差点被曹军斩杀。之所以出现这种情况，大概还是因为孙权集团的陆军战斗力太差，加上孙权太轻敌了。孙权的大军号称十万，按常理应该是夸大的，而且大多数都是水军，需要攻城时才弃船上岸，水军变陆军，这些军队基本都是步兵，骑兵非常稀缺，加上孙权轻敌，以为合肥守军人少不敢主动出城作战，就把中军指挥大营驻扎得过于靠前，结果张辽带领强悍的骑兵突然出城，直扑孙权的中军指挥大营。孙权被打了个措手不及，只能仓皇逃窜，还差点做了俘虏，东吴全军也陷入一片混乱。曹军的骑兵来去如风，突袭之后又全身而退了。孙权方面遭此重挫，又攻城不下，最后只能狼狈地撤军了，撤军时又被曹军追打了一回。这一战也可以看出，东吴陆军和曹军的巨大差距，缺乏骑兵的东吴军队在陆地上完全不是曹军的对手。

由于孙权在淮南地区小动作频频，于是曹操在称魏王以后决定再次南征孙权，以彰显魏王的赫赫武功。如果能平灭孙权，那曹操的代汉称帝之路也会顺畅许多，所以曹操十分重视这次南征，抱定了持久战的决心，放言不胜不归。

建安二十一年（216）冬，曹操率军正式踏上了南征之路。这次南征，曹操携带了不少家属，曹操的老婆卞夫人，儿子曹丕、孙子曹叡都一起随军出征。作为丞相主簿的司马懿也再次跟随曹操出征了，另外司马懿的大哥司马朗也参加了这次南征，司马朗此时已经贵为兖州刺史，妥妥的封疆大吏。作为司马家的顶梁柱，司马朗的前途一片光明，相比而言，司马懿还是一个小小的丞相主簿，就逊色太多了。

建安二十二年（217）正月，曹军前锋张辽、臧霸等部抵达濡须水前线。不过这一次张辽没能创造合肥之战时的奇迹，因为此时连日大雨，水位暴涨，山路泥泞，张辽的骑兵优势无处发挥，无奈只能暂时后撤。二月天气转好以后，曹军主力才抵达濡须水前线。曹孙双方又按老剧本进入了拉锯战，只不过这一次孙权方面压力更大一点儿，因为曹操在孙权的后院放了把火。曹操联络了东吴境内的少数民族山越，鼓动山越搅扰孙权的后方，孙权不得不抽调一部分兵力镇压山越叛乱。但总体上，双方仍然势均力敌，虽然史书上说司马懿"奇策善谋"，但此时在曹操身边出谋划策的司马懿也无计可施，面对濡须水口的孙权防线，也是一筹莫展。

屋漏便逢连阴雨，此时曹操军中又爆发了大规模的瘟疫，这次瘟疫十分猛烈，连曹操身边的一位贴身心腹也感染了，最后也因此死于撤军途中，这个人就是东汉末年的著名文学家、"建安七子"之一的王粲。王粲年长司马懿两岁，也出身于门阀士族家庭，其曾祖父王龚和祖父王畅都曾担任过东汉朝廷的三公，其父王谦曾任大将军何进的长史。王粲十七岁的时候为躲避关中的军阀混战，投奔了荆州牧刘表，在荆州一待就是十四年。直到刘表病死后，王粲力劝刘表的儿子刘琮归降曹操，于是在刘琮归降曹操之后，王粲进入了曹操幕府任职。也就是说王粲和司马懿是同一年进入曹操丞相府任职的。不过相比于司马懿，王粲更受曹操的青睐和重用。曹操的魏国刚一建立，王粲在第一时间就被安排到了魏国任职，做了魏国国君曹操的侍中。侍中是魏国决策机构尚书台的重要官员，王粲做了魏国侍中就等于是进入了魏国的决策层，而司马懿是在王粲死后一年才被调入魏国任职的，司马懿进入尚书台工作更是曹操死后的事了。

除了王粲，还有一位随军重臣也死于这场瘟疫，这个人就是司马懿的大哥司马朗。司马朗作为兖州刺史，在这次军事行动中主要负责军队后勤方面的工作。据说司马朗十分体恤士兵，巡视军营时，亲自为生病的士兵请医配药，结果不幸感染瘟疫去世。司马朗的去世也意味着光大司马家的重任落到了司马懿身上，从此司马懿作为司马家的门面担当，在政治舞台上的地位越来越重要了。总之，连曹军中的许多高层都感染了瘟疫，曹军人心惶惶，曹操集团进入了进退两难的境地。

此时，孙权方面也好不到哪儿去，面对曹军一次又一次的南征，东吴终于也有些体力不支了，东吴毕竟国力有限，和曹操集团长久消耗下去，也只是便宜了刘备，事实上，刘备集团正是利用了曹操和孙权不断争斗的时间发展成功的。而且上次合肥惨败严重打击了吴军的士气，东吴军队畏敌思想严重。此时孙权方面也敏锐地察觉到了曹军的困难，于是孙权决定主动向曹操示弱，来结束这场煎熬双方的战争。孙权先是主动后撤军队，然后又派遣使者赴曹营“请降”，表示可以向曹操集团称臣。曹操此时正是进退两难，正好也借着这个台阶顺坡下驴，接受了孙权方面的“请降”，于是曹军也全面退军了。无论如何，这次南征也算是取得了一定的成果，孙权集团第一次低头服软了，对曹操来说，也算小小地报了一下赤壁之仇。

据说曹操大军班师后，孙权正式向曹操上表称臣，还奉承曹操有天子之命，劝曹操称帝。这正中曹操的心坎，于是曹操想试探群臣对此的反应，便假谦虚地说：“孙权小儿这是想把我放在炉子上烤啊！”司马懿的政治觉悟很高，立马跳出来说：“汉朝早就名存实亡了，天下十分您占了九分，现在连最顽固的孙权也臣服了，这就是上天注定了让您做皇帝，天命不可违啊。”这个故事出自《晋书·宣帝纪》。按《晋书》记载，孙权在建安二十二年（217）就劝曹操称帝了，但是按照《魏略》记载，基本是同样的剧情、同样的台词，却发生在建安二十四年年底（220年年初），也就是曹操临死前一两个月，还有就是，劝进的人从司马懿换成了陈群和桓阶。历史真相究竟如何，那就是千古之谜了。

曹军班师以后，军中的瘟疫并没有因为战争结束而消散，反而随着军中士兵的北归迅速扩散，导致疫情在北方范围内愈演愈烈，魏国都城邺城更是此次疫情的重灾区。据曹植记录当时“家家有僵尸之痛，室室有号泣之哀。或阖门而殪，或覆族而丧”，可见当时疫情之严重，几乎家家户户都有人死亡。据曹丕后来回忆，“昔年疾疫，亲故多离其灾，徐陈应刘，一时俱逝”。这里面的“徐陈应刘”指的是徐干、陈琳、刘祯、应玚四人，这四人都是当时的著名文学家，均为“建安七子”成员，也都与曹丕关系密切，加上之前的去世的王粲，“建安七子”中有五人死于这场瘟疫。

总之，从民间到朝堂，都难逃瘟疫的祸害，从三国局势来看，建安二十二年（217）的这场大瘟疫对蜀汉和东吴影响甚微，对曹操集团却影响巨大，曹操集团统治范围内的人口因为这场瘟疫大减，在迷信天命的东汉，幸存的士农工商各界人士又普遍认为这是上天对曹操称魏王这种僭越行为的惩罚和警示，在这种背景下，东汉帝国内部反对曹操的势力也开始蠢蠢欲动了。这场瘟疫之后，北方叛乱时有发生，可以说这场瘟疫严重地损害了曹操集团的实力，也延缓了曹操称帝的步伐。

三、曹丕吃肉我喝汤

不过，曹操巩固曹氏家族权力的步伐却不能停止。此时曹操年过六旬，接班人问题不能再拖下去了，建安二十二年（217）十月，魏国储君之争终于落下帷幕，曹丕被魏王曹操正式册立为魏国太子，曹操的另外两个儿子曹植、曹彰被淘汰出局。其实早在建安十六年（211），曹丕就被变相确定为曹操的继承人了，在这一年正月，曹操让汉献帝任命曹丕为五官中郎将。这个职务听起来并不起眼，在汉代，中郎将是介于校尉和将军之间的一种军职，秩级两千石，比校尉的级别高，比将军的级别低，在“将军满地走、校尉多如狗”的东汉末年，中郎将的头衔并不太值钱，比如曹操手下就有一大帮的杂号将军。但是曹丕这个五官中郎将却不一般，被授予了设置官署的权力，在汉代通常只有三公级别的官员才能设置官署，而曹丕以五官中郎将的身份就可以设置官署，可谓前无古人，后无来者了。

曹丕做了可以设置官署的五官中郎将，这就意味着曹丕可以像三公一样自行征辟下属官员，享受三公级别的政治待遇。要知道仅仅三年以前，司徒赵温还要征辟曹丕为掾属，如今曹丕已经可以自己征辟掾属了。

除了五官中郎将的职务，曹丕还被任命为一个更为重要的职务，那就是丞相副手，通俗理解就是副丞相，这个职务在大汉的历史上也是不曾出现过的。可以说，曹丕一下子就创造了东汉历史上的两项纪录。在曹操外出征战的时候，作为副丞相的曹丕就代理丞相职责，全权处理大汉朝廷的内政外交事务，其实这等于变相宣布了曹丕的“太子”身份。等曹操做了魏王，曹丕自然顺理成章做了魏国太子，虽然各种野史里把曹丕、曹植的夺储之争描绘得异常激烈，但其实曹植自始至终都机会渺茫，曹植只是曹操打压曹丕的一个工具。历代帝王几乎都会利用其他皇子敲打太子，防范太子权力过大而抢班夺权，曹操也不例外。

因为曹操经常率兵在外作战，所以曹丕代行丞相职权的机会也非常多，到曹操做魏王的时候，曹丕已经做了五六年的丞相副手了。这五六年间，曹丕利用代理丞相的机会，拉拢了各大豪门贵族和政治大臣们，又利用五官中郎将官署招募了大量的人才，为自己组建了强大的政治班底，此时曹丕培植的私人势力已经相当庞大，可谓羽翼已丰。所以在册立太子的问题上，曹操征询集团内部各位大臣的意见的时候，大家都异口同声地表示支持曹丕。一般人这么说也就算了，可是连曹植老婆的亲叔叔和曹植的家丞都明确表示支持曹丕做太子，曹丕的“群众基础”之好，可见一斑。曹操面对此情此景，内心肯定是感慨万千的。

据说汉朝开国皇帝刘邦晚年的时候，曾经动过更换太子的念头。有一天，刘邦突然发现太子身边多了四位白发苍苍的老者，一问才知道，这四位老者就是传说中的世外高人“商山四皓”，刘邦曾多次派人请这四位隐士出山辅佐自己，结果都被拒绝了。刘邦自己都请不动的四位世外高人现在却来辅佐太子，可见太子的能量之大，群众基础之深，于是刘邦只能无奈地放弃了更换太子的想法。历史总是惊人的相似，魏王曹操的处境和刘邦何其相似，但曹操对帝国的掌控还远远比不上汉高祖刘邦，而曹丕一点儿也不弱于刘邦的太子，只要是个政治家，这时候都知道该如何抉择了。

不过曹操本身就是猜疑心重的人，看到曹丕势力如此之强，难免会利用其他儿子适当制衡一下曹丕，防止曹丕过分膨胀。但总的来说，只要曹丕不犯重大错误，那曹植、曹彰等人根本就没有机会取代曹丕，就是曹操有心更换太子，也难以办到啊！

据史书记载，曹丕曾经咨询过曹操集团的一位政治重臣贾诩，曹丕问贾诩自己应该怎样巩固储君地位，贾诩告诉曹丕，你只需要认真做好自己的分内之事，不违背孝道，就可以了。这等于是明明白白地告诉曹丕，你只要不做出格的事，本本分分地，那曹操就是想废长立幼也没机会啊。其实在豪门贵族和政治重臣林立的帝国里，还没有完成篡位的曹操想培养一个能掌控局面的继承人并不容易，这也不是一朝一夕能够完成的。从建安十六年（211）起，曹丕作为副丞相就开始处理政务，为接班而锻炼了，到建安二十五年（220）曹操去世，曹丕在曹操集团二把手的位置足足锻炼了九年才接班，也正是得益于曹操多年的栽培，曹丕才能在曹操死后顺利继承曹操的政治遗产。

至于在曹丕争储的过程中，司马懿具体起到了哪些作用，作者翻遍史书也没有查到。按照史书中的记载，在争储斗争中，为曹丕频出妙计的都是吴质，似乎吴质才是曹丕的头号谋士。司马懿号称善谋奇策，但史书中却找不到一个司马懿为曹丕争储出奇谋的事例，司马懿和吴质、陈群、朱铄等人并称曹丕的“四友”，可以说这都是曹丕的铁杆心腹，而司马懿又以计谋见长，在争储这样的大事上，不可能不为曹丕出力，可能是因为司马懿比较低调吧，毕竟曹操曾经警告过曹丕，让曹丕和司马懿保持距离，所以可能司马懿出了计谋也不敢声张，于是功劳都归到了吴质的头上。

之前司马懿一直在丞相府任职，从编制上来说，一直是曹操的属官而不是曹丕的属官。曹丕做了魏国太子之后，终于决定正式把司马懿收入自己的太子府。在曹丕当上太子不久，司马懿就被调离汉朝丞相府，调入魏国任职，司马懿被任命为魏国太子中庶子，成为魏国太子属官。司马懿也正式完成了从汉朝的官员到魏国官员的身份转变。要知道，自从魏国成立以后，曹操集团的军政中心就转移到了河北，曹操也常年在邺城办公。这样一来，官场的风向也随之转变，曹操集团的大多数官员都以成为魏国官员为荣，以做汉朝官员为耻，毕竟大家都想往权力中心靠拢，曹操的大部分亲信都陆陆续续被调入魏国为官，比如司马懿的老上司崔琰、毛阶以及老同事王粲、陈群等人都是早早被调入魏国任职了。司马懿终于完成了这个身份转变，这也意味着曹操对司马懿的信任进一步加强了。

那司马懿这次担任的魏国太子中庶子到底是个什么官职呢?太子中庶子是太子身边的亲信侍从官，在太子身边的地位大约相当于国君身边的侍中。前面说过了，“建安七子”之一的王粲死前的职务是魏王侍中，司马懿这时候就等于是太子“侍中”，算是太子官署的核心圈成员了，可以说司马懿距离飞黄腾达已经是指日可待了。

四、汉中之战

建安二十二年（217）注定是个多事之秋，这一年的北方大瘟疫已经让曹操够郁闷了，所以册立曹丕为魏国太子，某种程度上也算是用喜事冲冲晦气，可曹操的心情还没改善几天，刘备就来给曹操添堵了。就在这一年冬天，也就是曹丕刚当上太子之时，刘备就把手伸向了汉中。刘备派遣张飞、马超等将领作为先锋进攻汉中西面的战略要地下辩，意图封锁汉中的西部通道，曹操急忙派遣曹洪、曹休、曹真前去抵挡，汉中之战由此拉开序幕，只是当时没人会想到这场汉中之战会持续两年之久。张飞、马超出师不利，竟被曹洪、曹休打得大败而回，于是次年刘备又亲率大军从金牛道进入汉中前来支援，刘备大军兵临阳平关，准备一举拿下汉中。汉中曹军的统帅夏侯渊率军驻守阳平关，与刘备的军队对峙，双方相持不下，于是在汉中陷入了苦战。汉中四面环山，对外通道都是狭窄的山路，所以双方后勤压力都很大，但刘备集团意志更为坚决，因为汉中是益州的门户，汉中的得失关系着刘备集团的核心利益，得不到汉中，刘备集团就没有安全感，可以说刘备是举全蜀之力来夺汉中。反过来，汉中对曹操集团就没那么重要了，毕竟曹操集团的军政中心在遥远的河北，加上恰好此时曹操集团又发生内乱了，所以曹操没有及时率领援军来汉中与刘备争锋。

据史书记载，建安二十三年（218）正月，汉献帝身边的亲信太医令吉本、少府耿纪、司直韦晃等人率领私家武装共计一千余人叛乱了，他们在夜间突袭了东汉首都许昌的曹军军营。这次叛乱最大的亮点在于叛乱领衔者竟然是个医生。这大概也和当时的疫情有关，在疫情大蔓延的情况下，太医令在防疫过程中可能掌握了一些人力资源、经济资源，并还有一些特权，比如能够随便出入皇宫串联同党等，所以太医令也有了造反的本钱，而少府则是为皇帝管理皇家私有财产的，司直则是搞纪检监察工作的，总之，这就是一群不懂军事的业余造反派。这些业余造反派们冲进许昌的军营，四处放火，并射伤了丞相长史王必。王必是曹操派驻在许昌的全权代表，许昌的所有军队都归王必节制。造反派们的意图是先弄死王必，然后控制许昌，再联络各地反曹力量，以天子的旗号讨伐曹操。但这群造反派们还是太业余，第一步就没能完成，他们虽然射伤了王必，搅乱了军营，但还是让王必跑了。

王必很快调来救兵平息了这场叛乱，不过叛乱过后王必还是因伤势过重而死了。曹操得到消息异常震惊，他没想到汉献帝身边还有这么多的反曹势力，于是曹操又对汉献帝身边的官员进行了一次大清洗。但是按下葫芦瓢又起，同年十月，曹操集团的宛城又出叛乱了。宛城是荆州北部南阳郡的治所，是汉代的五大都会之一，政治经济地位都十分重要。宛城守将侯音打着拥护汉献帝的旗帜聚众造反了，还得到了全城吏民的支持，抓捕了曹操委任的南阳太守。南阳是东汉开国皇帝刘秀的老家，所以“匡扶汉室”在这里有着深厚的群众基础，侯音才能获得这么多人的支持。侯音又联络荆州南部的关羽，准备南北配合暴击曹操。当时曹操率军刚刚到达长安，正准备南下汉中与刘备决战，听到这个消息又不敢南下汉中了。事有轻重缓急，宛城离许都并不太远了，万一侯音联合关羽突袭许昌接走汉献帝，那曹操在法理上就真成汉贼了。于是曹操只能先处理侯音的叛乱了。曹操坐镇长安，调兵遣将，遥控汉中和南阳两个方向的军事行动。到建安二十四年（219）正月，曹仁率军攻破宛城，斩杀侯音，并对宛城进行了大屠城，全城吏民几乎都遭了毒手。

正是因为曹操忙于处理各种内乱，同时也高估了留守汉中的夏侯渊、张郃等人的能力，所以丧失了击退刘备的最佳机会。几乎就在曹军攻破宛城的同时，汉中方面的曹军主帅夏侯渊中了刘备的诱敌之计，在阵前被斩杀。主帅被杀，自然军心大乱，汉中的曹军被刘备打得大败。眼看控制数年的汉中就要失守，曹操大为恐慌，只能在仓促之间紧急率军进入汉中抗击刘备，结果刘备方面以逸待劳，选择据险坚守，避免正面决战，又不断骚扰袭击曹军的后方粮道，最终曹操方面仅坚持了两个月，就撑不下去了，曹操放弃汉中，挟裹着汉中大部分百姓退往长安。按照史书记载，汉中之战并没有司马懿的随军记录，这一阶段，司马懿应该是留在邺城辅佐曹丕处理内政的。

五、神机妙算司马懿

汉中之战结束后，曹操灰头土脸地回到了长安。汉中的丢失对曹操集团是一次重大打击，自建安十三年（208）的赤壁之战以后，曹操集团还没遭遇过这么大的挫败，在这场战争里，曹军独当一面的西部战区统帅被阵前斩杀，甚至曹操亲自出马都没能保住汉中。曹操损将失地，自然窝火至极。但是有人欢喜有人忧，此时曹操糟心至极，可刘备却快乐无边啊，刘备得了汉中，自然是喜笑颜开。就在拿下汉中不久，刘备就迫不及待地对外宣布自己进位汉中王，同时兼任朝廷的大司马，然后又大封群臣，刘备的气势俨然与曹操并驾齐驱了。

按照汉代的制度，大司马负责全国的军事工作，地位还在丞相之上，不过大司马这个官职早在东汉初年就取消了，这会儿又被刘备给恢复了，刘备这么做的意图很明显，你曹操是魏王兼丞相，那我刘备是汉中王兼大司马，就是要跟你针锋相对，“天下英雄唯使君与操耳”这会儿真的应验了。

曹操听说刘备称王的消息，怒不可遏，顿时觉得“魏王”的头衔也不香了，却也暂时对刘备无可奈何。曹操退回长安气还没喘匀，关羽也来给曹操添堵了。关羽是刘备集团的荆州方面军统帅，大约与夏侯渊在曹军中的地位相当，都是独当一面的统帅。汉中之战的过程中，关羽一直虚张声势，作势北伐，以吸引曹军兵力，分散刘备集团在汉中的压力。但关羽方面也是以水军见长，雨季不来，关羽并不敢真的北伐，即便是宛城守将侯音聚众反叛曹操时，关羽也没有响应救援。直到刘备取得了汉中之战的胜利以后，恰好雨季也要到来了，这时候关羽才开始真正北伐。

建安二十四年（219）七月，关羽率军从江陵出发，沿着汉水北上，直扑曹军控制的襄阳和樊城。当时的荆州一分为三，曹操集团控制着荆州北部的樊城、襄阳以及南阳郡，刘备集团控制着荆州西南部的南郡、武陵郡、零陵郡，孙权集团控制着荆州东南部的长沙、桂阳、江夏等郡，整个荆州俨然是一个缩小版的三国，也是三足鼎立之势。

关羽率军越过汉水南岸的襄阳，直接围攻北岸的樊城。曹操派遣左将军于禁和立义将军庞德带领三万精兵救援樊城，结果援军刚到樊城外围驻扎，恰逢连日暴雨，汉水出现了百年难遇的大洪水，开始泛滥，樊城外围又都是地势低洼的平原，于禁和庞德的军队很快就陷入了洪涝之中，关羽方面几乎不费吹灰之力就全歼了这三万大军，统帅于禁也被俘虏。这是继夏侯渊被杀之后，曹操集团遭受的又一次重创，在一年之内曹操接连失去两位独当一面的统帅。

关羽利用天时重创曹军之后，声威大振，荆州刺史胡修、南乡郡太守傅方都主动投降了关羽，中原各地区的盗贼们也纷纷起兵响应关羽，一时间曹操集团危机四伏，地处中原的国都许昌变得非常不安全了，曹操担心汉献帝这张王牌有失，便动了迁都的念头，想把汉献帝和汉廷百官迁到河北，这无疑是一个昏着儿，当年董卓就是为了躲避敌军锋芒，挟持汉献帝和百官迁都，最后成了偏安一隅的军阀了。在这个关键时刻，司马懿和另一位谋士蒋济及时站出来劝阻了曹操。

司马懿此时又回到曹操身边工作了，他的职务是丞相府军司马，这是一个正儿八经的军职，按照汉代的军制，军司马是大将军的属官，编制是在大将军的直属部队里，秩级千石。也就是说军司马本来是跟丞相没关系的，但曹操这个丞相特殊，集军政大权于一身，把大将军的职权也包含了，所以丞相的属官里也设了军司马。

司马懿是从太子中庶子的职位升任丞相军司马的，这次工作调动，应该和曹操集团在军事上吃紧有关，在军事压力巨大的情况下，曹操可能觉得把司马懿这种人才放在曹丕身边纯属浪费。不过这次工作调动对司马懿而言是一次重大提升，此前司马懿一直是几百石级别的小吏，这次升官后，司马懿成了千石长吏，在秩级上和丞相长史平级了，以后就再也不算小吏了。

司马懿担任丞相军司马后，很快就发挥了作用，他向曹操提出了军屯的建议。众所周知，曹操集团是靠屯田解决的粮食问题，但曹操集团早期的屯田主要是民屯，军人则基本不参与屯田，专职打仗。司马懿建议曹操实行“且耕且守”的军屯，把二十多万军人也纳入屯田体系中，这个建议被曹操采纳，这又进一步解决了曹操集团的粮食问题。除了军屯，司马懿还提了一个重要建议，那就是把荆州刺史胡修和南乡郡太守傅方调离边疆地区，改到内地任职，理由是这二人一个残暴不仁，一个骄奢淫逸，所以不适合在靠近前线的边郡任职，不过曹操没有采纳。当然了，司马懿的这两个理由也实在难以令人信服，在当时“先军政治”的大政策下，残暴不仁应该是官员们的常态，在镇压宛城侯音的叛乱时，曹仁率军攻破宛城以后竟然进行了大屠城，其实胡修再残暴不仁也比不上曹仁吧，残暴不仁在统治者眼中似乎并不是一个缺点。至于骄奢淫逸这个理由就更加不靠谱了，官员们费尽千辛万苦爬上高位，难道就是为了“服务大众”吗？所以曹操没有采纳司马懿的建议也属正常。不过后来在曹操集团遇到危机的关键时刻，胡修、傅方二人果然反叛，主动投降了关羽，在曹操集团内部造成了极坏的政治影响，这起码说明司马懿的看人还是很准确的，虽然给出的理由牵强了些，但无论如何，这也毕竟证明了司马懿的判断力，因此曹操也更加信服司马懿的判断了。所以在曹操产生迁都念头之后，司马懿的带头反对，对阻止迁都起到了关键的作用。司马懿给出的理由是，于禁的大军其实不是被关羽打败的，而是被洪水消灭的，这纯属意外，从大局上来说，曹军的整体实力仍然远远强于关羽，襄阳、樊城这两大战略要地也都没有丢失，如果迁都，那就等于告诉天下人曹操害怕关羽，人心浮动之下，荆州必然不保，连中原也会有丢失的危险。司马懿又进一步建议，利用孙权集团和刘备集团的矛盾，鼓动孙权在背后偷袭关羽的大本营江陵，如果关羽的后院起火，那他就必败无疑，荆州的危机自然就解除了。

曹操这次采纳了司马懿的建议，打消了迁都的念头。他一方面继续派遣援军救援樊城，另一方面拉拢孙权，共同对付关羽。孙权本来也有偷袭关羽的意图，双方一拍即合，于是在曹孙两方的共同打击下，关羽立马就从巅峰跌落到谷底了，不但全军覆灭，连关羽本人也落了个身首异处的下场。

建安二十四年十二月（220年年初），关羽被孙权方面俘虏后杀害，孙权将关羽的头颅献给曹操，曹操上表任命孙权为骠骑将军、荆州牧、南昌侯。就这样，关羽北伐最终以惨败告终，刘备集团遭遇沉重打击，丧失了荆州的全部地盘，而曹操集团在此次战役中也损失不小，反倒是最后入场的孙权集团成了最大的赢家，吞并了刘备集团的荆州地盘，有点“鹬蚌相争，渔翁得利”

的味道。

襄樊之战中，曹操集团控制的荆襄地区受到了战争和水灾的双重破坏，已经是残破不堪，当地的很多百姓都已经逃亡。加上孙权集团取代关羽占领江陵以后，对荆州北部地区也是虎视眈眈，随时都可能也学关羽来个北伐，荆州的形势依然很严峻。所以在战后，曹操甚至一度打算把荆州北部地区的百姓全部迁徙到内郡，只留下军队镇守荆州北部的各个战略要地，说白了曹操就是想在荆州北部地区玩坚壁清野的策略，以防范孙权集团北侵。不过，在司马懿的劝阻下，这个计划最终没有施行，司马懿认为荆楚等南方地区的百姓本来就轻脱、不老实，如果搞强制搬迁移民，那很可能会出事的，这些百姓大概率会逃到孙权那里，甚至还可能纷纷做“带路党”引导孙权的军队北伐。再者荆州地区因为战乱和洪水，本来就有大量百姓藏匿逃亡了，如果他们听到强制搬迁的消息肯定就不会再回来了，如果不搞强制搬迁，安定人心，那这部分人估计陆陆续续都会回到家乡。

司马懿说得其实非常有道理，在汉末人口急缺的大背景下，大量人口流失到敌人那里，无疑是非常糟糕的，而且这种事情也是有前车之鉴的，曹操在建安十四年（209）就曾经在淮南地区搞过一次大规模强制移民搬迁，同样也是为了防范孙权北侵。当时曹操的另一位谋士蒋济就表示过反对，曹操不听，结果江淮地区十几万百姓听说强制搬迁的消息后都一溜烟地逃到了孙权那边，等于大量人口都投敌了。还好这次曹操听从了司马懿的意见，没有搞强制搬迁，果然逃亡的人口陆陆续续都回来了。

总而言之，在襄樊之战前后过程中，司马懿表现出了过人的胆识和高超的智慧，帮助曹操集团度过了危机，大大地提高了自己在集团内的地位，成功跻身于一流谋士的行列。

第五章

火速蹿升的司马懿

一、曹丕上位

襄樊之战结束后，曹操也要走到生命的尽头了，建安二十五年（220）正月，曹操在洛阳病逝，距离关羽被杀也仅仅只有一个月。据说在曹操死前的一个月，孙权遣使入贡，上书劝曹操称帝，曹操把孙权的这封书信拿出来给群臣展示，谦虚地说："孙权这是想把我放在炉子上烤啊！"一听曹操这么谦虚，桓阶、陈群、夏侯惇等几个人也很有眼力价儿，立马跳出来说："以您的功劳，就是当皇帝也是应该的啊。"曹操听了又谦虚地回答道："如果天意在曹，我就当周文王吧。"曹操这个回答可以说是，曹孟德之心，路人皆知了。这等于公开宣布说：这个皇位我们老曹家篡定了，就是我来不及完成，我儿子也会替我完成的。曹操对自己的篡位之心，已经毫不掩饰了。不过曹操到死也只是魏王，终究还是没能完成篡位的最后一步。之所以没能完成篡位，主要还是因为在生命的最后几年里，天灾人祸等各种麻烦接踵而至，使曹操疲于应付，无法把主要精力集中于篡位上。

曹操生命的最后几年，恰逢刘备集团的事业快速扩张期，曹操在和刘备集团的斗争中不断失利，再加上严重的瘟疫和支持汉献帝的"拥汉派"们的垂死挣扎，使曹操疲于奔命。总之，在外患、瘟疫和内乱三者的综合作用下，曹操才没能走完篡位的最后一步，其实只要曹操能再多活一年，那大概率就能完成篡位了。因为襄樊之战后，孙刘联盟破裂了，刘备集团的事业上升期也结束了，刘备集团的主要精力转移到了与孙权集团的斗争上，曹操集团的外患压力大大减轻了，北方的疫情也进入了“群体免疫”期，“拥汉派”们也基本都被摆平了，可惜曹操恰在此时去世了。

也多亏曹操在接班人问题上早有准备，早在多年前就开始培养接班人了。到曹操去世时，太子曹丕也早已成长为一名成熟的政治家了，否则曹操死后，曹魏集团也难保不会步了袁绍家族内斗的后尘。尽管也遇到了一些小波折，但总体上曹丕还算顺利地继承了曹操的政治遗产。

据史书记载，曹操在洛阳突然去世，诸子都不在身边，而曹彰、曹植都比曹丕早到洛阳，曹彰还带领着一支军队来到洛阳的，曹彰一到洛阳就问魏王印玺的下落，争储之心昭然若揭。幸而主管丞相府事务的贾逵是曹丕的铁杆支持者，也十分有胆魄，当即驳斥曹彰说：“太子曹丕才是魏王继承人，魏王印玺跟你没关系，要摆好自己的位置。”曹彰碰了一鼻子灰后，仍不死心，又企图拉拢曹植一起对抗曹丕。曹植还算有大局观，也知道跟着曹彰干，无论成败都没好下场，因此不敢答应。最后因为曹丕有着稳固的政治基本盘，手握重兵的曹彰也没能掀起什么波澜。总之，在众多政治大佬的支持下，都没等汉献帝下发正规手续，曹丕就闪电般地继承魏王和丞相之位了。为了庆贺自己成功上位，曹丕改建安二十五年为延康元年。同年二月，新任魏王曹丕任命贾诩为魏国太尉，华歆为魏国相国，王朗为魏国御史大夫。三月，曹丕又任命夏侯惇为魏国大将军，曹仁为魏国车骑将军，曹洪为卫将军。至此魏国朝廷的官职配置超过了东汉朝廷，魏国的权力格局也稳固了。

曹操去世时，司马懿作为丞相军司马就在曹操身边，曹操的丧事也是贾逵和司马懿二人共同负责主持的，两人一起整顿纲纪、稳固人心，及时为曹丕通风报信，汇报曹彰的一举一动，并和曹彰斗智斗勇，为曹丕的顺利继位做出了不小的贡献，所以曹丕一继位，就封司马懿为河津亭侯，司马懿正式跻身于贵族行列。很快，司马懿又被升为丞相长史，也就是当年王必担任的那个职务。丞相长史是丞相府的诸吏之长，负责主持丞相府的日常事务，权力很大。可以说，曹操去世以后，司马懿才终于熬出头，正式进入了帝国高层。

就在曹魏集团权力交接之际，孙权突然亲自率军自东南向西北方向进发，似乎有夺取西面樊城和襄阳的意图，当时襄樊没有多少粮食，镇守在襄阳的曹仁见吴军西来，恐怕守不住城池，就向曹丕请示暂时北撤退守宛城。曹丕召集群臣商议，司马懿表示说："孙权斩杀了关羽，结怨于刘备，正是害怕刘备突然东来报复的时候，所以亲率大军做出西进之势，现在孙权最大的敌人是刘备，像孙权这样的聪明人此时一定是想着如何与我们结交，而不是自引兵祸，以致腹背受敌的。且襄阳是水陆要冲，千万不能轻易放弃！"曹丕刚掌大权，十分谨慎，见曹仁这样的猛将都请求撤退了，就没有听从司马懿的意见，而是让曹仁焚烧了襄樊二城，退到宛城待命。可没料到，东吴大军在西线徘徊了一阵就撤退了，并没有北侵的意思，不过孙权方面见曹军焚城而走，也就顺便派遣小股部队占领了襄樊地区。就这样，关羽搭上了性命都没能攻克的襄阳和樊城，轻而易举地被孙权占领了。这回曹丕就尴尬了，悔得肠子都青了，敌人还没上来就自焚营寨，传令大军逃跑，丢人丢大了，比起其父曹操实在差太远了。这场虚惊再次验证了司马懿的判断力，从此，曹丕更加信服司马懿了。

曹丕坐稳丞相和魏王之位后，决定走完代汉自立的最后一步，此时外部环境也相对宽松，刘备正磨刀霍霍准备和孙权死磕，孙刘双方都没精力来给曹丕添堵。延康元年（220）七月，刘备集团的上庸守将孟达主动投降曹丕，曹丕又命夏侯尚和孟达一起袭取了刘备集团的上庸三郡，算是取得了一次军事胜利。于是曹丕又亲率大军在淮河流域搞了一次军事演习，意在震慑孙权不要搞小动作。曹丕班师回朝后，觉得代汉自立的时机成熟了，同年十月，经过了“三辞三让”的政治表演之后，魏王曹丕接受了汉献帝禅让，正式称帝，建立魏朝，定都洛阳，改元黄初，于是延康元年又变成了黄初元年，汉献帝被降为山阳公，封地为山阳国，食邑万户，汉献帝刘协从此变成了一位富家翁，在自己的封地里过起了小日子。刘协比曹丕大6岁，却比曹丕还晚死8年，直到魏明帝时期才去世，相比于西晋以后的亡国之君们，刘协的结局可以说非常好了。

总体来说，曹丕算得上一位仁厚的君主了，为后世的篡位权臣们做了一个好榜样。其实曹丕还是历代皇帝中少有的真性情之人。根据《魏氏春秋》记载，禅让大典结束以后，曹丕喜不自胜，感慨道：“舜禹之事，吾知之矣。”等于自己主动戳破了禅让制的虚假外衣，字里行间都透露出了曹丕的真性情，曹丕似乎缺少了政治家们身上那种普遍的虚伪气质。

《晋书》里记载的另一件事也透露出了曹丕的真性情，就在曹操宣布立曹丕为魏国太子之后，曹丕有一种“多年媳妇熬成婆”的感觉，恰好此时碰到了心腹好友辛毗，曹丕掩饰不住内心的喜悦，上去就抱住了辛毗脖子，满面红光地贴着辛毗的耳朵说：“兄弟，你知道我心情有多爽吗？”曹丕的举动把辛毗惊得目瞪口呆。曹丕的这种性格用雍正的一句话形容再合适不过了，“朕就是这样的汉子，就是这样的秉性”。

另外，《世说新语》中还记载了这样一则有趣的故事：“建安七子”之一的王粲去世后，曹丕率领一众文人为其送葬。在葬礼上，众人啼哭不止，这时曹丕说，仲宣（王粲字仲宣）生前喜欢听驴叫，让我们学一学驴叫，算是为他送行吧！说罢，曹丕真的当众学起了驴叫。大家跟着效仿，于是一片驴叫之声响彻了葬礼现场。虽然《世说新语》里记载的事情多是传闻，也不尽符合史实，但结合曹丕的性情，这个记载很可能是真的。

二、九品中正制

曹丕实现了皇帝梦，也没忘了老爹曹操的夙愿，追封曹操为魏武皇帝，曹操泉下有知，估计也心满意足了。为了曹丕实现皇帝梦，司马懿也出了不少力，据说举办禅让大典的受禅台，就是司马懿负责建造的。作为当时国家的头号重点土木工程，受禅台的建造动用了十几万人，司马懿作为负责人也不敢有丝毫的马虎，他勤勤恳恳，兢兢业业，最终按时按点、保质保量地完成了这项重大工程，保障了禅让大典的如期举行。鉴于司马懿的突出贡献，曹丕登上皇位以后，立马任命司马懿为尚书，让司马懿进入了帝国的最高决策机构尚书台。尚书台内部也是分曹办公的，各曹长官称尚书，尚书能参与最高决策，也算权重了，但毕竟只是尚书台里下设部门的领导，地位还不太高。曹丕很快又给了司马懿更重要的官职，调司马懿为督军御史中丞，并且还给司马懿升了爵位，封司马懿为安国乡侯，司马懿的爵位从亭侯晋升为乡侯，“官高爵显”这个词十分适合此时的司马懿了。

督军御史中丞这个官职比尚书要拉风多了，有监督军队和监察百官的权力，当时曹丕刚刚篡位，意在用司马懿这个心腹担此重任，稳定局面，防范朝臣有不轨的举动。

一年之后，曹丕坐稳了皇位，就免去了司马懿的这个职务，让司马懿又回到了尚书台，改任侍中、尚书右仆射。侍中是一种加衔，有这个“侍中”头衔才能方便出入宫禁为皇帝办事，尚书台的几个主要领导都要有这个加衔。司马懿此时真正的官职是尚书右仆射，这个官职是尚书台的副长官，也就是说司马懿去外面锻炼了一圈回到尚书台就晋升为尚书台的主官之一了。这在后世朝代的官制中，已经算是宰相了。

司马懿做尚书仆射的时候，尚书台的一把手是司马懿的好友尚书令陈群。陈群也是老牌太子党成员，前面提到过，陈群、司马懿、吴质、朱铄这四个人并称曹丕的“四友”，都是曹丕的铁杆心腹，但陈群的资历要比司马懿深得多。陈群出身于颍川士族家庭，他出道比较早，早年还跟着刘备混过。刘备做豫州刺史的时候，陈群当过刘备的豫州别驾，也就是刘备的助理，后来在刘备和曹操合作的时候，陈群便跳槽去了曹操那里，毕竟颍川士族在曹操集团的分量很重，陈群的出身决定了他更适合跟着曹操混。更重要的是陈群性格稳重保守，他也不愿意把脑袋别在裤腰带上去跟着刘备创业，所以他更理智地选择了容易模式。

陈群加盟曹操集团后，仕途果然十分顺利，早在曹操的魏公国初建时，陈群就担任了魏国的御史中丞，这在魏国是仅次于三公的官职了。相比而言，当时的司马懿就逊色太多了，不过这也从另一方面证明了，司马懿在曹丕时代的进步速度之快。到黄初二年（221），司马懿当上尚书仆射、安国乡侯，陈群是尚书令、颍乡侯，司马懿在仕途上几乎追平了陈群。

司马懿和陈群的关系很好，在一个单位相处也比较融洽，二人掌控尚书台期间，共同创建了九品中正制，这对后世官制有着深远的影响。最明显的一点就是，魏晋以前，划分官员级别高低用的是秩级，比如三公是万石，郡太守是二千石，县令是六百石，而魏晋以后，划定官员级别就主要用品级了，比如三公是一品，县令是七品，这都是九品中正制带来的影响。

九品中正制，又称九品官人法，是在东汉官吏选拔制度（察举制）的基础上改进而来的，按照儒家规范评议官员和备用人才的选拔制度。其中，对人物高下的品定，称为“品”，共分为九等，即上上、上中、上下、中上、中中、中下、下上、下中、下下。资品虽有九级，而被中正评为下等人才，获下品七、八、九品级者，是没有希望入仕为官的。实际上能够起家入仕的资品，只有上品与中品的六个品级。

具体实施起来就是在各个州郡中选出一名大中正，由大中正决定小中正的人选。注意，这里的“中正”只是一个判定人才好坏的官职名称，并没有实际意义。当大中正和小中正都被选出来以后，朝廷会下发一张表给他们。这张表是人才调查表，大中正和小中正必须先将自己选定人才的相关信息填入表中，比如出生年月、是否曾经担任过官职等。之后，分别给这些人评定等级，并写上自己对这些人的评价与看法。在填制完表格后，大中正和小中正会一起检查表中内容是否完整，然后，将其整理上交吏部。最后，依据表格信息，吏部会决定官员的升迁和罢黜。

九品中正制的推出是有着深刻的社会背景的，东汉末年，天下大乱，连皇帝都颠沛流离，甚至一度食不果腹，东汉朝廷的典章制度几乎被破坏殆尽了，曹操迎奉汉献帝之后才又根据新的形势重建典章制度，不过由于曹操和汉献帝的特殊关系，使得曹操对东汉原有的一些制度也不太满意，所以曹操经常不按套路出牌，经常根据实际需要搞点创新，最典型的一个例子就是曹丕的特殊官位，就是一个前无古人的创新。再比如，丞相府的三四百石的掾属和地方两千石郡太守竟然经常相互对调。这其中曹操最不满意的就是东汉原有的官员选拔制度。本书开头说过，东汉原有的察举制和征辟制被门阀士族所垄断，已经无法满足曹操政府对人才的需求了。频繁的战争需要政府更加高效，这就需要更多实干型的人才进入政府，门阀士族出身的人往往自视甚高，不屑于踏踏实实地从事细致烦琐的工作，他们中空谈误国的多，实干兴邦的少，所以曹操先后三次发布唯才是举的命令，不拘一格选拔人才，着重强调不重道德，只重才能，意思很明显，就是要选拔一批实干兴邦的人才进入政府。但曹操也始终没有建立起一个新的官员选拔制度，只是临时性的选官措施。

曹丕称帝以后，建立新的官员选拔制度这件事就被提上了日程，九品中正制的原意是更加公平公正地选拔人才，东汉原有的察举制最大的缺点就是被门阀士族所垄断，青年才俊们能否顺利出仕，往往取决于各地“地下组织部长”们给出的评价。比如汝南的许劭、许靖两兄弟就是典型的“地下组织部长”，他们二人搞的“月旦评”，定期品评人才，影响巨大，一经他们好评，仕途上的身价百倍增长。据说曹操还没出仕的时候，就多次带着厚礼求爷爷告奶奶地追着许劭要一个好评，可许劭偏偏就是不给，于是曹操只能玩起了阴招儿，死缠烂打，威逼利诱，用尽各种下三滥的手段，终于从许劭那儿得到了一个“清平之奸贼，乱世之英雄”的评价。得到这个评价后，曹操乐得连北都找不着了，史书上的原话是“大悦而去”。史书往往对这些“地下组织部长”们赞誉有加，称赞他们选人才选得好。

问题是咱们当代的读者，只要稍微动动脑筋，应用一下现实生活中的常识就会知道，类似的这种人才评价太主观了，根本没有一个明确的标准，这里面假公济私、徇私舞弊的空间太大了，何况“地下组织部长”们清一色都是门阀士族集团捧出来的大名士，这种评价根本没有公正透明可言。

所以面对这种情况，魏朝中央政府就出台了“九品中正制”，意在收回“地下组织部长”们的权力，将选拔官吏评定人才的标准规范化、制度化，由政府的专职官员按照标准评定人才。九品中正制的实行一方面使得当时的官吏选拔有了一定的客观标准，增强了政府在官吏选拔上的控制力，使吏治一时间澄清了很多。另一方面仍然尊重门阀士族集团的利益，取消了曹操时代“唯才是举”的极端政策，官方的人才评价标准其实依然是充分考虑地方群众舆论和公共意见，缓解了中央政府与世家大族的紧张关系，稳固了曹魏政权的统治基础。

但九品中正制并没有遏制住门阀士族的扩张趋势，也没能改变皇权走向衰弱的趋势，因为曹丕篡汉本身就离不开门阀士族集团的支持，九品中正制的起草者陈群、司马懿等人本身也是门阀士族集团中的成员，九品中正制的具体执行也得依赖门阀士族集团，所以九品中正制后来逐渐演变成了“上品无寒门，下品无士族”的制度，最终也成了门阀士族集团垄断权力的工具。

三、初掌兵权

司马懿在尚书台工作了三年，一直没有带兵的机会。司马懿自出道开始至今，虽然多次随军出征，但都是以谋士、参谋等身份参加的，大魏朝廷上下，没人认为司马懿有统帅之才。

司马懿在尚书台的三年里，天下也并非没有战争，只是司马懿此时是被曹丕当成一个文臣来使用的，掌控军队的将帅要么是曹氏、夏侯氏等宗亲，要么是曹操时代的老将，轮不到司马懿掌兵。

黄初三年（222），也就是司马懿回到尚书台的第二年，曹丕就发动了一次大规模的战争，征伐的对象是孙权。为什么要揍孙权呢？原来曹丕称帝以后，刘备也紧跟着称帝了，这下孙权的身份就尴尬了，曹丕、刘备称帝都是有法理依据的。曹丕的皇位是汉朝皇帝禅让的，法统上没毛病；而刘备则是不承认禅让合法，以汉朝的宗室身份称帝继续延续汉朝，也能说得过去。孙权就不行了，想称帝却实在是没有法理依据啊，而且孙权此时外部环境也不好，刘备因为关羽的被杀一直磨刀霍霍准备报复孙权。所以，孙权为了避免腹背受敌，选择了向曹丕的魏朝称臣，并请求魏朝册封官职，还答应把家属送到曹丕那儿做人质。曹丕见孙权识相，也很大方地册封孙权为吴王、大将军，作为魏朝的藩属统治江东，这样孙权统治江东的身份问题就解决了。

刘备称帝后果然在第一时间亲率大军征伐孙权，最终在夷陵被孙权方面击败，刘备兵败撤军以后不到一年就去世了，此后蜀汉也进入了诸葛亮时代。孙权方面解除了蜀汉方面的威胁以后，又反悔了，迟迟不把人质给曹丕送过去，并在黄初三年十月（222），自建年号黄武，也就是说，孙权虽没称帝，却给自己搞了皇帝才能有的年号，这无异于公然与魏朝翻脸、与曹丕决裂，所以曹丕才决定要暴揍孙权一顿。

黄初三年（222），曹丕发觉孙权并非真心归附，便举兵伐吴，三路出师。魏军东路由曹休、张辽、臧霸出兵洞口，中路由曹仁出兵濡须坞，西路由曹真、夏侯尚、张郃、徐晃率军围攻南郡。在东路，吴军作战不利；在西路，双方互有胜负；在中路，因吴将朱桓重创曹仁军，扭转了整个战局。魏军战果不如预期，加上吴国又主动求和，给曹丕进献了很多珍宝，于是魏军在次年就全面撤军了。同年十二月，孙权派太中大夫郑泉前往白帝城拜谒刘备，蜀、吴两国重新通好。孙刘两家和解后，曹丕也丧失了灭吴的最佳时机。

黄初五年（224），司马懿统兵的机会终于到来了，在此之前张辽、曹仁等将领相继去世，老一辈的统帅们逐渐要谢幕了，司马懿终于有了补缺的机会。这一年八月，曹丕开始操练水军，准备再次兴舟师伐吴。前面说过，发动战争是一种高效的集权方式，曹丕在位时间其实不长，却屡次兴兵伐吴，这也是深得曹操的真传，借战争加强君主的集权。这回曹丕决定给司马懿一些军权，任命司马懿为抚军大将军，并授予了司马懿“假节”的特权。“抚军”这个词本是指太子跟随皇帝出征的行为。太子跟随皇帝出征，就叫作“抚军”，留在都城驻守叫作“监国”。所以，“抚军”这个称号十分尊贵，让司马懿出任抚军大将军，这是曹丕对司马懿的破格提拔。司马懿此前连个杂号将军都没当过，他既不是外戚也不是宗室，从一名文职官员一跃成为军队系统里的抚军大将军，这在汉魏两朝都是极为罕见的。曹丕还赐予了司马懿“假节”的特权，所谓“假节”就是皇帝将符节借给臣子，让臣子代表皇帝执行临时任务，这样臣子就可以便宜行事。“假节”是可以诛杀违反军令的任何人的，而不用向皇帝通报。另外，司马懿这个抚军大将军可不是空头将军，而是有五千人的直属部队的，司马懿以前做过“军司马”，这回司马懿作为抚军大将军，也可以设置自己的“军司马”了。司马懿这次真的是光宗耀祖了，要知道司马懿的高祖父司马均最高做到了征西将军，司马懿的抚军大将军已经超越了征西将军。

不过曹丕想让司马懿继续参与尚书台事务，司马懿这次工作调动后，就被免去“侍中、尚书仆射”的职务了，所以曹丕又给了司马懿两个官衔，那就是“加给事中、录尚书事”。这是什么意思呢？所谓“加给事中”就是增加“给事中”这个头衔，这个头衔跟“侍中”类似，外朝大臣加了这个头衔就可以方便出入宫禁，以皇帝近臣的身份办事。而“录尚书事”顾名思义就是总领尚书台事务的意思，本来尚书台事务是内朝的尚书令和尚书仆射负责的，外朝大臣即便是位高如三公，那也是无权参与的，而加了“录尚书事”这个头衔，外朝大臣就可以参与尚书台事务了，汉魏时期的帝国执政官，通常都要加“录尚书事”的头衔，否则就是有名无实了。

司马懿一下子获得了这么多的官衔，军政、权力都有了。以前司马懿做尚书仆射，虽然权重但位还不够高，在军事上也没有什么权力，这次位高和权重两者兼具，司马懿一时间受宠若惊，吓得一再推辞，不敢接受，但是曹丕却安慰他说：“我事务繁多，夜以继日都做不完，没有片刻的安宁休息。我加给你的这些特权，并不是什么荣誉，是让你替我分担一部分而已。”司马懿这才千恩万谢地接受了这些职务，从此手握军政大权，成了曹魏统治集团中少数几位重臣之一。

从延康元年（220）曹丕继位魏王开始算起到黄初四年（223），短短四年时间里，司马懿像坐上火箭一样飞速上升，正应了那句话“不怕出道晚，就怕跟错人”。

不过这次曹丕让司马懿担任抚军大将军，并不是要司马懿随军出征的，而是让司马懿率军留镇许昌，看好大本营，防止出乱子。给司马懿加了“录尚书事”的权力，就是让司马懿代替自己把朝廷内外的军政大事处理好。

曹丕这次征伐孙权的军事行动又是一次虎头蛇尾的行动。据说当曹丕率军抵达长江后，东吴早已用木头、芦苇等材料沿江布设了百里的围栏和假城楼，仿佛百里水上长城，恰巧长江水势上涨，十分壮观，曹丕看到后当时就被唬住了，顿时没了底气。曹丕不由感叹地说：“魏国虽然有千队骑兵，到此也都派不上用场了，江南不易图取。”然后就退兵回朝了，似乎是一场战斗也没打就回来了。

黄初六年（225）三月，上当受骗后回过味儿来的曹丕再次御驾亲征，憋足了劲要一雪前耻。这次出征跟上次一样，曹丕把大本营托付给了司马懿，让司马懿坐镇许昌，为曹丕处理好朝政大事，同时又给司马懿增加了一个任务，那就是做好前线大军的后勤保障工作。曹丕临行前专门下诏叮嘱了司马懿一番，大意就是说，我要出远门了，但对家里还是不太放心，你把家看好，别出了乱子，重点把后勤搞好。咱们君臣相交这么多年了，你办事，我放心，我特别信任你，你就是我的萧何。

黄初六年（225）五月，曹丕到达谯县，八月，曹魏水军入淮河，十月到达广陵旧城，曹丕在江边进行了一次检阅大军的仪式，史载“兵有十余万，旌旗弥数百里”，魏军声势极为浩大。曹丕虽然“有渡江之志”，但这次吴军没玩儿虚的，早已严阵以待，不过曹丕这回运气太差了，恰好赶上了一个几十年才一遇的严冬，淮河的水面竟然结冰了，可长江的水面没结冰，魏国大军的战船不能进入长江，曹丕无计可施之下，望着长江，感叹地说：“嗟乎，固天所以隔南北也！”于是曹丕只能撤军了。在撤军的时候，因为冬季淮河水位下降，导致船队搁浅在河道中，曹丕被迫提前弃船登陆，结果被吴军的敢死队偷袭了一把，曹丕本人差点遇险，皇帝车驾都被吴军给抢走了，可谓晦气至极。

曹丕的霉运还不止于此，黄初七年（226）正月，曹丕带着十万大军灰头土脸地来到了许昌郊外，就在大军即将进城的时候，许昌南门居然塌了。曹丕心情本来就比较糟糕，这下更难过了，这城门早不塌晚不塌，偏偏在自己打了败仗回城的时候塌，而且塌的不是西门、北门，偏偏是自己经常走的南门，这在普遍迷信的汉魏时期，那就是大凶之兆啊！曹丕内心十分介意，于是决定不回许昌了，当即挥挥手，下诏改道西北，绕过许昌，前往洛阳，曹丕到达洛阳之后给司马懿发了一封诏书。这几天司马懿每天战战兢兢，生怕因为城门倒塌事件而获罪，不过打开诏书后，司马懿立刻释然了，曹丕非但没有任何怪罪，反而对司马懿说："从今以后，如果我在东边，你就帮我总督西边的事务；如果我在西边，你就帮我总督东边的事务。"何止是释然，司马懿简直感动坏了。正应了那句古话"君之视臣如手足，则臣视君如腹心"，相信此时的司马懿对曹丕也是感激涕零，有结草衔环之感。

四、托孤重臣

曹丕从前线回来仅仅几个月，就一病不起，他自知时日不多，所以开始安排身后之事。曹丕从继位魏王开始算起到去世，一共才 7 年，他去世时还不到 40 岁，接班人其实还没培养好。曹丕的长子曹叡当时 23 岁，按说早已成年了，不过曹叡的接班人之路比较坎坷。

曹叡的生母甄氏本是曹丕的原配夫人，不过她和曹丕的感情并不好。在黄初二年（221），甄氏被曹丕赐死，受母亲连累，本来已经受封为公爵的曹叡也被降为平原侯。不过，次年曹丕又恢复了曹叡的爵位，并让曹叡和几个弟弟一起晋升为王爵，曹叡获封平原王，但当时曹丕并没有让曹叡当接班人的意思。在这一年九月，曹丕把贵嫔郭女王册立为皇后，原本甄氏才是曹丕的原配正妻，郭女王只是妾氏，据民间的消息，甄氏的死跟郭女王有关，所以郭女王的上位之路也颇受朝野非议，还好郭女王当上皇后之后没有子嗣，否则曹叡就彻底没机会接班了。可能是郭女王为了平息舆论非议，后来主动把曹叡收为养子，这进一步确立了曹叡的嫡长子地位，总体来说，相比于其他皇子，曹叡的嗣位机会更大一些。不过可能是恨屋及乌的缘故，曹丕对曹叡成见比较深，也一直没有立曹叡为太子，据说曹丕还一度想立另一个儿子曹礼为太子。鉴于较为险恶的外部环境，曹叡一直谨小慎微，对郭女王也是早晚问候，十分恭谨，生怕出错而授人以柄。

黄初七年（226）五月，曹丕自知大限将至，接班人问题必须解决了，考虑到几个儿子的年龄都偏小，相比而言，无论是年龄还是资质，曹叡都是最合适的接班人选，这才在仓促之间把长子曹叡立为太子，也就是说曹叡被立为太子之前，没有经过充分的历练，也没有处理军国大事的经验，所以，虽然曹叡已经 23 岁，但曹丕仍然为他安排了四名辅政大臣。这四名大臣分别是征东大将军曹休、中军大将军曹真、镇军大将军陈群、抚军大将军司马懿。这四人中，司马懿的资历最浅，却是曹丕时代晋升最快的大臣。能位列四大辅政大臣之一，是司马懿人生中至为关键的一个机遇，可以说这为后来司马家篡魏奠定了先期基础。

其他三位辅政大臣也有必要介绍一下。陈群前面简单介绍过，和司马懿一样，都是曹丕太子时代的心腹党羽，但资历要比司马懿深。陈群作为一把手曾和副手司马懿一起负责魏朝的尚书台事务，深受曹丕信任，在司马懿升任抚军大将军后不久，曹丕也赋予了陈群军权，委任陈群为中领军。中领军是魏朝禁军的最高统帅，地位十分重要。

黄初七年（226）正月，在南征吴国失败的回军途中，曹丕又授予陈群“假节”都督水军的权力。曹丕回到许昌后，又升陈群为镇军大将军，仍然兼任中护军，同时又给了陈群录尚书事的官衔。到曹丕托孤的时候，陈群为中护军、镇军大将军、录尚书事，而司马懿是抚军大将军、录尚书事，二人的地位已经不相上下，只是陈群掌管禁军，实际上军权更大一些。

尽管陈群和司马懿都是曹丕的心腹，但毕竟都是外臣，在军权上都偏弱，当时真正掌握曹魏精锐大军的，还是另两位辅政大臣曹休和曹真。曹休是曹丕的族弟（其父是曹操从弟）。作为曹魏宗室，曹休早在曹操起兵讨伐董卓时就前往投奔了，他跟随曹操南征北战，被曹操称为曹家“千里驹”。曹操待曹休如同亲子，甚至把曹军精锐中的精锐虎豹骑都交给曹休带领。在汉中之战前期，刘备派遣张飞、吴兰进攻下辩，曹操派大军救援，援军的实际统帅就是曹休。这次救援十分成功，曹休率军打败蜀军，把张飞等人打得大败而归。曹魏宿将夏侯惇死后，顶替他接管了曹魏的东线防务。曹休先后出任领军将军、镇南将军，曹休作为独当一面的统帅，多次率军击破东吴的军队，威震东南。早在黄初三年（222），曹休就被曹丕提拔成了征东大将军，随曹丕南征孙权，南征结束后曹休又兼任扬州牧，全面负责起曹魏东部战区（扬州）的军务。可以说，在四大辅政大臣中，曹休的资历是最深的。

相比曹休，另一位宗室曹真就多少逊色些，并不是说曹真的能力差，而是曹真血统有点远。曹真原本名为秦真，其父秦邵本是曹操的部下，在跟随曹操作战时一不小心成了烈士，于是曹操将秦真收为养子，并将其改名为曹真，曹真就这样成了曹家宗室。用现在的话说，曹真跟曹丕是异父异母的亲兄弟，所以曹丕才充分信任曹真，当然了，如果是同父同母的亲兄弟，比如曹植、曹彰这样的，那曹丕是绝对信不过的。曹真跟曹休一样，都曾在汉中之战的前期击败过蜀军，立下过战功。魏朝建立后，曹真成为曹魏的西部战区（雍、凉二州）统帅，曾率军平定西北地区的诸胡联军叛乱，帮助曹魏恢复了西域的统治，也是功勋卓著。

黄初三年（222），也就是曹休被任命为征东大将军的同一年，曹真被任命为上军大将军，跟随曹丕南征孙权，南征结束后，又转拜曹真为中军大将军，加给事中，留在了洛阳。论资历，曹真和曹休也相差无几，他和曹休都是支撑魏朝的柱石，因此曹丕临终时，把曹真也列为辅政大臣。

其实曹丕时代还有一位军界的大佬，他的资历不在曹休和曹真之下，那就是夏侯尚。夏侯尚是夏侯渊的侄子，他早在黄初二年（221）就因为收服上庸等三郡的功劳被升任为征南大将军，比曹休受封的征东大将军还要早，夏侯尚和曹休、曹真一样，也参加了黄初三年（222）的曹丕南征行动，南征结束后，夏侯尚又兼任荆州牧，成为曹魏中部战区（荆、豫二州）的统帅。曹丕对夏侯尚格外宠信，曾经给过夏侯尚一道诏书，诏书里写道："卿腹心重将，特当任使，作威作福，杀人活人。"意思就是，我特别疼你，特别信你，你想多狂就多狂，你想弄死谁就弄死谁，有我给你撑腰，别怕。虽然不久之后，在散骑常侍蒋济的劝谏下，曹丕又追回了诏书，但可见夏侯尚在曹丕心中的地位。本来以夏侯尚的资历和地位，绝对也可以位列托孤大臣之一的，只不过夏侯尚短命，比曹丕还早死了一个月，所以就没有机会进入曹丕的托孤大臣名单了。

曹丕病重时，曹真、陈群都在京师洛阳，司马懿也很快从许昌来到洛阳，只有曹休远在淮南镇守，防范东吴异动，没能及时来到洛阳。曹丕在病榻上召见了曹真、陈群、司马懿三人，他对太子曹叡说："有间此三公者，慎勿疑之。"表达了对托孤大臣的充分信任。

平心而论，曹丕的这个辅政大臣名单是很科学的。首先，曹丕并没有明确谁是首席辅政大臣，也就是说这四位辅政大臣不分主次，互相之间可以制衡。其次，这四位辅政大臣年龄相近，职位相当，资历也差不太多，又是两文两武，既能在文武两方间相互制衡，又能单独在文臣间或者武将间相互制衡，避免了一家独大的局面。两位宗室成员虽然手握重兵，但长期在外，在中央政府缺乏影响力，而陈群和司马懿则在军队中缺乏影响力，四人都没有"一言堂"的实力。最后，当时魏朝的"开国三公"，也就是钟繇、华歆、王朗等老一辈政治家还健在，他们的政治威望都高于辅政四大臣，这又增加了一种制衡。正是这种均衡的政治格局使得曹叡继位后能快速进入皇帝的角色进而掌握实权。所以曹丕虽然生前没给曹叡足够的政治历练机会，但临死前总算给曹叡铺好了一条平坦的接班掌权快速路。

总体而言，魏朝的皇权比较脆弱，皇权保卫机制有着巨大的漏洞，曹魏严格限制了宦官和外戚的权力，同时又像防贼一样防着近亲宗室，曹姓地方诸侯王没有任何权力，这使得魏朝的皇权缺乏坚强有效的"护城河"，一旦出现东汉王朝那种幼主继位的情况，只能靠分散权力来防范权臣的产生，也就是让远亲宗室和各大门阀士族代表们共同掌权，避免一家独大的局面，这样的皇权注定是难以长久维持的。

黄初七年（226）五月，魏朝开国帝王曹丕终于还是没能打败病魔，驾鹤西去了。太子曹叡继位为帝，也就是历史上的魏明帝。受曹丕托孤的曹休、曹真、陈群、司马懿四大臣共同辅佐曹叡处理国政，曹叡追谥曹丕为魏文帝，并在继位的第二年改元太和，短暂的曹丕时代就这样结束了。

第六章

曹叡的开局

一、孙权集团的反击

曹叡继位以后，立即对四位辅政大臣进行了封赏，不过曹叡只是提升了四个人的爵位，封曹休为长平侯，曹真为少邵陵侯，陈群为颍阴侯，司马懿为舞阳侯。之前司马懿是安国乡侯，这回从乡侯晋升为了列侯，对于司马懿这样的非宗室大臣来说，列侯的爵位已经是到顶了。

曹丕去世的消息很快传到了东吴，孙权得到消息后，立刻来了精神，曹丕在位这几年，仗着魏朝兵强马壮，几次三番出兵欺负孙权，动不动就来个“临江观兵”，虽然南征没有取得什么进展，但搅得孙权不得安生，吓也被吓得够呛了。现在曹丕英年早逝，魏朝新君毫无执政经验，正是主少国疑的时候，也轮到孙权反击了。时不我待，孙权当即决定出兵伐魏。

这次北伐，孙权也是下足了血本，组织了两路大军同时伐魏，不过鉴于早年的两次北伐都无法在淮南方向取得突破，孙权也实在不愿意再重温兵败合肥的往事，所以这次孙权决定换个方向试试，把北伐的方向转移到荆州方向，孙权命左将军诸葛瑾带领一路兵马从江陵出发，北上进攻襄阳，也就是当年关羽北伐的路线。不过这一路人马其实是打掩护的，目的是分散魏军的注意力，东吴真正的主力大军则由孙权亲自带领，从东吴江夏郡的夏口北上，直扑曹魏江夏郡的治所石阳城。

这是一条全新的伐魏路线。荆州的江夏郡自赤壁之战后就被一分为二了，江夏郡北部属于曹魏，江夏郡南部属于东吴，孙权打算通过这次北伐一举把整个江夏郡收入囊中。孙权这次攻打石阳城带了五万军队，可以说是势在必得，一时间石阳城的形势十分危急。魏国的石阳守将文聘赶忙向朝廷请求援兵，曹叡刚刚即位，就遇到了这样的大考验，并没有什么军事经验，所以他也摸不清吴军的主攻方向到底是哪个点。不过曹叡在潜邸时，应该是没少研究国家地理图志，他对石阳城的地理位置比较了解，石阳城是文聘主持修建的，修城的时候故意与河道拉开了一段距离，这样可以避免受到东吴水军的直接攻击，东吴军队要想攻打石阳城就必须弃船上岸，这样东吴就无法发挥水军的优势了。

曹叡就是依据石阳城的选址，判断孙权的军队攻击石阳城会选择突袭，而不是持久战，因为孙权的军队弃船登陆远离河道攻城，必然没有安全感，害怕魏国的援军赶到后会截断吴军的补给线，所以吴军只会选择突袭攻城。现在传回来的消息是吴军没有在第一时间攻破石阳，那说明文聘扛住了突袭，石阳城暂时没有危险，吴军久攻不下，大概率是要退兵的。考虑到襄阳、樊城的地理位置更为重要，当年关羽北伐就是在襄樊一线取得了重大战果，威震华夏，搞得曹操差点迁都，襄樊不容有失，所以曹叡派遣抚军大将军司马懿率军前往襄阳救援。这也是司马懿人生第一次独当一面，率军出征。

恰巧此前曹叡已经派出治书侍御史荀禹去慰劳戍边将士。荀禹也是个猛人，得知吴军进犯石阳的消息，不但没有惊慌，反而觉得这是个立功的好机会，便在去江夏的路上沿途召集各县兵马，加上自己身边的骑从卫士共计收罗了步骑兵千余人，然后就带着这千余人去救援石阳了。荀禹知道敌众我寡，这千余人大白天去救石阳，那无异于飞蛾扑火，所以只能趁着晚上突袭吴军，这样吴军摸不清援军的虚实。于是荀禹率军在夜间到达石阳城外的山上，在山上点燃了无数火把，故布疑兵，借着山势向吴军发起攻击。吴军攻城不下，本来就担心曹魏援军突然到来截断他们退路，突然见到漫山遍野的曹魏援军，吓得立马撤退了。

再说司马懿这一路援军，更是勇猛，司马懿率军到了襄阳前线，三下五除二就击败了诸葛瑾的部队，斩了吴军的大将张霸以及一千多名东吴士兵的首级，司马懿作为大军统帅的首秀完美收官。

就在双方军队在江夏、襄阳两大战场上激烈搏杀的时候，镇守淮南地区的征东大将军曹休也没闲着，他趁着孙权主力大军转移到荆州地区的机会，一举在江淮战场取得了重大战果。原来，魏吴两国相接数千里，牵一发而动全身，孙权亲征江夏郡，江淮战场那边的吴军自然也要行动策应一下，哪知道这一行动就捅了马蜂窝，曹休已经在江淮经营了五年，是四大辅臣中唯一一个一直待在前线的将领。吴军这边一动，曹休那边立马反过来南下围攻吴国控制的皖城。本来这次魏吴战争是东吴挑起的，想的是乘虚而入，没想到曹休这边早就蓄势待发，对皖城虎视眈眈了。东吴方面的皖城守将审德被曹休打了个措手不及，此刻的吴国主力大军都在石阳城，并没有机动兵力救援皖城。这种情况下，曹休很轻松地拿下了皖城，斩杀了审德，并且曹休乘胜继续向南进攻，甚至一度打到了长江边上的寻阳，可以说是横扫吴国的庐江郡。其实扬州的庐江郡和荆州的江夏郡类似，都是被魏吴两方一分为二了，各占一部分。孙权本来想乘曹魏新丧全取江夏郡，将整个江汉平原纳入吴境，却反是偷鸡不成蚀把米，不但没能全取江夏郡，还把自己占领的庐江郡治所皖城给丢了，成就了曹休的功业。

更加糟糕的是，吴国的重要将领韩综竟然在这个时候带着部曲主动投降了曹休。韩综是吴国名将韩当的儿子，韩当在孙权出征前刚好病故了，其部曲按东吴惯例由儿子韩综继承。因为父亲新丧，韩综就没有跟随孙权出征，而是被安排留在武昌城中驻守。然而留守后方的韩综因为生活作风问题，被人打小报告了。

具体是什么问题，史书上也没说，大概可能是韩综跟父亲的小妾发生了不清不楚的关系。孙权在前线得知后，没有理睬。不过韩综却非常担心孙权回来以后来个秋后算账，于是便起了投魏之心。

韩综是个聪明人，知道父亲旧部们未必会跟他一起投敌，于是想出了个妙计，先是纵容这些部下抢掠百姓，然后又说自己虽不追究，但孙权已经下诏要治罪。为保全大家，只能带着大家投敌了。此外韩综还将家中女眷，上到姑母、姐妹，下到自己宠幸过的侍妾、婢女，全数强行下嫁手下的将吏，与他们歃血为盟，把这些人的命运牢牢跟自己捆绑在一起了。然后韩综就带上母亲以及父亲的遗体，和数千部下一起往寻阳方向投奔曹休了。韩综投魏后，被拜为将军，受封广阳侯，韩综对薪资待遇很满意，工作积极性很高，多次领兵攻击吴境，给东吴也造成了不小的麻烦。直到孙权去世后，韩家才被诸葛瑾的儿子诸葛恪率军斩杀。

韩综的叛逃让孙权颜面尽失，而且起了个很不好的示范作用。韩综刚一投敌，吴军中有个叫翟丹的将领也紧随其后投降了曹休。孙权这次北伐可以说是窝火至极。孙权这边失意，曹休那边可是春风得意。魏文帝曹丕在位 7 年，多次伐吴，可是寸土未得。曹叡这边刚一继位，曹休就开疆拓土，占据了吴国庐江郡的治所皖城，这无异于是最好的献礼。

二、四大辅臣排座次

曹魏成功挫败了孙权的北伐，又夺取了皖城，魏国新君曹叡十分高兴，觉得也是时候该封赏群臣了，尤其是作为朝廷中坚的四大托孤重臣，他们的官职自曹叡继位以后还没有晋升过，四大辅臣的官职都在三公之下。俗话说“空谈误国，实干兴邦”，实干型的四位顾命大臣自然也应该与三公平齐了，曹叡正好也借此重塑一下朝廷的权力格局。

征东大将军曹休取得了开疆拓土之功，功劳最大，于是曹叡擢升曹休为大司马。大司马在东汉初年本是三公之一，可能是因为大司马这个名字太拉风了，光武帝刘秀将大司马改为太尉，大司马就这样暂时退出政治舞台了。到东汉末年董卓专权的时候，大司马又被董卓拉回了历史舞台，当时董卓为了拉拢关东士族集团，让汉献帝将太尉兼幽州牧刘虞晋升为大司马。也就是说，大司马重出江湖以后就比太尉值钱了，太尉只是三公之一，可大司马是三公之上的上公，名义上总管全国兵马，妥妥的军界一把手。之前提过，刘备就曾自封过这个职务，跟当时的丞相曹操相抗。曹丕建立魏朝后，也将大司马设置为魏国的最高军职，而大将军只能排第二，但最开始是让大司马空缺的，实际的最高军职就是大将军。大将军这个职务在东汉中后期含金量很高，通常是军政一把抓，一般由总揽朝政的外戚担任，其地位也在三公之上。本书第一章里提到的梁冀、窦武、何进等外戚都曾以大将军的身份总揽朝政辅佐小皇帝。到了魏国时期，大将军的含金量有所下降，基本上只能管军不能管政了，地位也在大司马之下，但应该也是略高于三公的。

曹丕继位魏王后，曾经任命夏侯惇为魏国大将军，不过夏侯惇只做了一个月的大将军就去世了。曹丕称帝的次年，曹仁出任大将军一职，成为魏国的首任大将军。同年，曹仁又因为讨平并斩首叛将郑甘的功劳，被曹丕正式擢升为大司马，填补了魏国大司马的空缺。也就是说，曹仁既是魏国的首任大将军，又是魏国的首任大司马。曹仁升为大司马之后，大将军的职位就空缺了。到黄初四年（223），曹仁去世之后，曹丕也没有安排大臣递补，大司马的位置也空缺了。直到曹叡继位这一年，曹休因为军功终于补上了大司马的空缺，坐上了军界一把手的位置。

曹休当了大司马，那另一位托孤大臣曹真只能屈居为军界的二把手了，曹叡让曹真补上了大将军的空缺。曹休、曹真的晋升都没难度，因为大司马、大将军本来就是空缺的。而另一位辅政大臣陈群，想晋升就没那么容易了。陈群长期在中枢工作，也不太擅长军事，作为镇军大将军的陈群想再晋升只能去担任三公了。可此时曹魏的开国三公太尉钟繇、司徒华歆、司空王朗也都还健在，也不能被陈群顶下去啊，于是只能把钟繇提升为太傅，华歆接任太尉，王朗接任司徒，这样司空一职就空出来了，陈群就这样被提拔为司空了，但仍任录尚书事。录尚书事这个官衔很重要，如果没有这个官衔，那陈群就跟华歆、王朗一样成了摆设，没有参与国家最高决策的权力。陈群虽然是三公之末，但实际是三公里唯一一个有实权的。

最后轮到司马懿了，皇帝曹叡安排司马懿继续留在军界，擢升司马懿为骠骑将军。骠骑将军这个职位，始置于西汉武帝时期，本是汉武帝专门为霍去病设置的职位，当时是与大将军平级的，汉武帝以后，骠骑将军变成了仅次于大将军的军职。到了东汉，在没有设置大司马的时期，骠骑将军都是排在大将军之后的军界二把手，地位与三公等同。孙权偷袭荆州又擒杀关羽后，曹操曾上表任命孙权为骠骑将军。曹丕称帝后，曹洪被拔擢为骠骑将军，在军界的地位仅次于大将军曹仁，不过在黄初七年（226）正月，因为手下的门客犯法，曹洪被免去一切职务，一撸到底，回归人民群众的队伍了。曹洪因为一点小事就受到如此严厉的处罚，据说是因为曹洪生性吝啬，早年曾拒绝了曹丕的借钱请求，所以曹丕怀恨在心，借机打击报复。这显然是不可信的，曹丕要报复曹洪非要等到临死前四个月，这也太有耐心了吧？曹丕之所以打击曹洪，明显是因为曹丕觉得自己身体快不行了，要为儿子铺好路。曹洪此时的职务是骠骑将军，在大司马和大将军都空缺的情况下，实际就是曹魏军界一把手，而且曹洪是曹丕的堂叔，是和曹操一起创业的原始股东，在此时的曹氏宗亲里，地位无人可比，等于是曹氏族长。一旦曹丕去世，那曹魏朝野上下将无人可以制衡曹洪，无论是曹休、曹真还是陈群、司马懿，跟曹洪比起来都不是一个重量级的选手，有曹洪在朝堂上，曹丕就没办法为儿子布局，所以曹丕只好把曹洪清理出局了。

曹洪出局以后，骠骑将军的职位也空缺了。这次司马懿补上了这个空缺，成为大司马和大将军之后的军界三把手。总之，四位辅政大臣在这次升官之后，都获得了三公级别的政治待遇，有了开府、自置属官的权力。大司马高于大将军，大将军高于骠骑将军，这是显而易见的。而陈群担任的司空是文职，和军职不好比较，不过鉴于三国时期战争频繁，各国实际都是“先军政治”，司马懿在出任骠骑将军后，很快就被外派到荆州，全面负责起荆、豫二州的军事工作了。而陈群这个司空虽然挂着录尚书事的头衔，但实际反倒很少过问尚书台事务了，再加上曹叡时代的中书监和中书令的权柄日盛，分走了尚书台的很多权力，所以陈群这个司空实际上权力有限。据史书记载，太和四年（230），曹丕生前的好友吴质入朝担任侍中，辅佐皇帝曹叡，吴质对曹叡说：

"据我观察，骠骑将军司马懿忠智兼备，又大公无私，真可谓社稷之臣，陈群就是个普普通通的庸才，重任在肩却整天偷懒不理政务。"曹叡听完之后深深地表示赞同。可见魏明帝曹叡平时对陈群的怠政、懒政非常不满意。陈群在魏明帝时期的权势地位自然也是逐渐降低的。这样一比，司马懿的实际地位应该是在陈群之上的。

最后再说一下钟繇担任的太傅这个官职。按照汉魏时期的官制，太傅是三公之上的"上公"，位居百官之首，一般只授予元老重臣，太傅有着教导年幼皇帝的责任，地位尊崇无比。当然，太傅地位虽高，但如果没加录尚书事，那就是一个比三公还尊贵的摆设，没有实际权力的。

三、平定孟达之乱

四大辅臣排完座次后就各就各位了，曹休仍然坐镇淮南，负责东部战区（扬州）的军事工作；司马懿则被派往荆州北部的宛城，负责中部战区（荆州、豫二州）的军事工作；曹真和陈群则留在京城，辅佐曹叡处理军政事务。之前孙权北伐被打得大败而回，一时半会儿也不敢再来了，所以司马懿在宛城过了半年的安逸生活。太和元年年底（228 年年初），这种平静的生活被打破，荆州西部的新城郡出事了。

新城郡是由房陵、上庸、西城三郡合并而成的，这三郡原本是益州汉中郡东部的三个边陲小县，直到汉献帝建安末年才改县为郡，被称为“东三郡”。东三郡所处的地势险恶，周围重山叠嶂，自成一体。就战略位置而言，东三郡是联结荆州和益州的重要枢纽，处于魏蜀吴三方的交界处。正因如此，刘备集团和曹操集团围绕东三郡展开了激烈持久的争夺战。

建安二十四年（219），刘备在夺得汉中后，便令部将孟达和养子刘封一起夺取了东三郡。关羽北伐覆灭后，孟达害怕为关羽的失败担责任，于是就率领部曲四千余家投降曹魏，正赶上了曹丕篡位前夕，这等于是为曹丕称帝造势献礼。加上孟达仪表堂堂、谈吐不凡，所以曹丕非常宠信孟达，封孟达为散骑常侍、建武将军、平阳亭侯。曹丕又命夏侯尚和徐晃协助孟达袭取了东三郡，并将这三郡合并为新城郡，委任孟达为新城太守。孟达作为一个降将，却如此受宠，自然受到了很多人的非议，据说司马懿就认为孟达奸诈狡猾，不可信，曾多次劝说曹丕不要重用孟达，但曹丕没当回事。为了巩固自己的地位，孟达和当时的尚书令桓阶、征南大将军夏侯尚倾心相交，把桓阶和夏侯尚引为自己的朝中靠山。在皇帝和权贵的庇护下，孟达在新城当了六七年的土皇帝。黄初七年（226），桓阶、夏侯尚、曹丕相继离世，朝廷里没了靠山的孟达开始惴惴不安起来，担心地位不保，可以肯定，孟达和辅政大臣司马懿肯定是关系不太好。这时候蜀汉丞相诸葛亮向孟达抛来了橄榄枝，劝说孟达重新投靠蜀汉，孟达心动了。很重要的一个原因是，孟达重归蜀汉，就可以家人团聚。按照当时的惯例，大将出征在外，家眷要留在后方大本营做人质，以防止将领叛变。孟达投魏时，留在蜀汉后方的家眷应该被全部处死，可刘备目光长远，并没有杀害孟达的家眷。刘备死后，诸葛亮接管了蜀汉的军政大权，也没有处置孟达的家眷，这等于是始终给孟达留着回头路。不过孟达对诸葛亮却存有一定疑虑，因为诸葛亮的亲姐夫是被孟达所杀的，据小道消息，孟达投魏后，诸葛亮曾劝说刘备将孟达的家眷全部处死。孟达在和诸葛亮勾勾搭搭的同时，与吴国也是眉来眼去，却始终也不明确表态要投奔哪方。

就在孟达犹豫不决的时候，诸葛亮给孟达下了一剂猛药。诸葛亮派遣一个叫郭模的手下，假装投降了魏兴郡太守申仪，把孟达和诸葛亮勾勾搭搭的事泄露了出去。申仪本是东三郡的地方豪强，在东三郡很有影响力，无论是蜀汉还是曹魏，占领了东三郡都对他委以重任，以稳定在东三郡的统治。曹魏袭取东三郡后，一度将三郡合并为新城郡，让孟达做太守，后来在司马懿等人的劝谏下，曹丕又把三郡中的西城郡独立了出来，改名魏兴郡，任命申仪为太守，让他和孟达相互制衡。

为了争夺东三郡的权力，孟达和申仪一直不和，所以申仪得到了孟达通敌的情报后，立马添油加醋地向上级部门做了汇报。东三郡属于荆州军区管辖的范围，所以总管荆州军务的司马懿最先得知了这个消息，可能比皇帝曹叡还要早。

司马懿得到这个消息，自然是十分震惊的，如果自己辖区的重要将领带着军队和地盘一起投敌了，那自己肯定是要承担责任的。而且司马懿早就看孟达不顺眼了，也想着正好借这个机会除掉孟达，彻底解决东三郡地头蛇势力，消除荆州西部的潜在隐患。司马懿决定先稳住孟达，他先派遣手下代表自己到新城郡视察工作，同时给孟达带去一封自己的亲笔信。在这封信里，司马懿对孟达一通忽悠，大概就是说："你叛蜀投魏，已经把蜀国得罪死了，尤其是诸葛亮和你有仇，他最恨你，所以才使用这种离间计故意陷害你，不过你不用担心，朝廷已经识破了诸葛亮的诡计，朝廷相信你不会上诸葛亮的当。"本来孟达得知申仪告发了自己，已经准备举兵反叛了，结果收到了司马懿的来信，又犹豫了。万一司马懿说的是真的，那自己叛魏的事还得再考虑考虑。即便这是司马懿的缓兵之计，可司马懿大军远在宛城，宛城距离京城洛阳八百里，距离自己的驻地上庸一千二百里，司马懿真要举兵来伐，也要先请示皇帝再出兵，这样一来一回，怎么也得一个月以后了。还有，宛城到上庸道路险阻，山高林密，军队后勤压力会很大，出征前筹集粮草也要一段时间，怎么算，孟达暂时也是安全的。孟达打算利用这段时间先加固城防，同时做好军队的思想工作，得保证手下的军队都跟自己一条心。

司马懿稳住了孟达，也加紧行动了，太和二年（228）正月，司马懿一方面上书魏明帝曹叡说明情况紧急，另一方面紧急动员了五万大军，由自己亲自率领，直扑上庸。这支部队轻装简行，日夜兼程，仅仅用了 8 天，大军就抵达了孟达的驻地上庸。由于出发过于仓促，后勤部门也只筹措到了一个月的军粮，所以司马懿必须得在短时间攻破上庸，否则只能退兵了。所以司马懿的大军一到上庸，很快就从四面八方开始了猛烈的攻城。

面对司马懿大军的突然到来，孟达大惊失色，万万没想到司马懿大军来得如此之快，孟达手中只有一万多的军队，自然不敢出城和司马懿硬打，只能凭借上庸的坚城据守，同时火速向诸葛亮求救。本来上庸城三面环水，城墙坚固，再加上城中的粮食足够支撑一年，孟达还是有信心坚守一段时间的，只要坚持到蜀汉的援军到来，那就安全了。可“堡垒最容易从内部攻克”，孟达虽有叛魏之心，但还没做好手下将士的思想工作。孟达的外甥邓贤和部将李辅等人感觉跟着孟达叛乱没有前途，便背叛了孟达，打开城门向司马懿投降了。城破后，孟达的军卒几乎全部投降了，孟达本人也被斩首。就这样，孟达仅仅坚守了 16 天就失败了，没能等到蜀汉的援军。司马懿搞定孟达之后，立马回军宛城，不久又把申仪召到宛城，强迫申仪入朝就职。司马懿又将孟达的余众七千余家迁到了幽州，这才彻底解决了东三郡的地头蛇势力，从此曹魏牢牢地控制了东三郡。

司马懿快刀斩乱麻，迅速平定孟达之乱，让魏明帝曹叡更加倚重司马懿。不久，魏明帝把司马懿召到洛阳商议国政，魏明帝最关心的是，蜀、吴两国应该先讨伐谁？司马懿认为应该先从吴国下手，理由是，吴军认为北方士兵不习惯水战，所以才敢散居东关。打蛇就要打七寸，攻打敌军，就要扼住敌军的咽喉，猛击敌军的心脏，而夏口、东关就是吴军的心脏和咽喉。如果魏军采取声东击西的计策，派遣陆军进驻宛城，从而吸引孙权主力部队向东，这时候让水师出兵夏口，乘虚而入，一定能够拿下夏口。拿下夏口就等于切断了武昌和建业这两大吴国政治重心的水上通道，让吴军首尾不能相顾，到时候无论是攻打武昌还是攻打夏口，都容易多了。曹叡对司马懿的这个建议十分认可，于是开始制订伐吴的计划，让司马懿返回宛城做战争准备。

四、诸葛亮首次北伐

几乎就在司马懿平定孟达之乱的同时，蜀汉丞相诸葛亮亲率大军开始了第一次北伐曹魏。刘备集团在汉中之战后到达巅峰，之后就走上了下坡路，还是个急下坡。也就是短短两三年的时间里，刘备集团先是在襄樊之战中被孙权集团偷袭，丢掉了整个荆州，而后在夷陵之战中又被孙权方面打得大败，元气大伤。这三年里，关羽死了，张飞死了，黄忠死了，许靖死了，法正死了，糜竺死了，刘巴死了，刘封死了，马超死了，马良死了，黄权降魏了，不久之后刘备也去世了，可以说蜀汉的栋梁们成批成批地倒下了。在这种背景下，蜀汉内部的叛乱层出不穷，面临着崩溃的危险，刘备留给幼主刘禅的是个名副其实的烂摊子。由于蜀汉的创业大佬们纷纷去世，导致这个烂摊子只有诸葛亮能接住了，刘备也只能选择托孤给丞相诸葛亮了。

诸葛亮全面执掌蜀汉大权后，蜀汉一直在休养生息，恢复元气，平定内乱，直到曹丕死后，蜀汉国力已经有所恢复，诸葛亮才有了北伐的念头。此时蜀汉已经和吴国和解，两国已经重新结盟。其实这些年，曹魏的军事主力一直在魏吴前线，吴国几乎扛下了曹魏的全部火力，虽然吴国还没有倒下，但是以吴国的国力，长久地单独和中原王朝对抗，恐怕早晚都得倒下，其实都不用等到吴国投降，只要吴国服软称臣、送子为质了，那曹魏就会把主要火力转移到蜀汉方面，到时候，仅有一州之地的蜀汉恐怕难逃灭亡的命运。所以尽管蜀汉和吴国有着血海深仇，但基于现实利益，蜀汉也只能和吴国抱团取暖了，必须帮助吴国分担曹魏的火力。正应了那句话："没有永远的朋友，也没有永远的敌人，只有永远的利益。"

在曹叡继位的第二年，蜀汉丞相诸葛亮开启了北伐曹魏的战争。太和二年（228）春天，诸葛亮采用声东击西的策略，命赵云、邓芝率领少量军队号称主力，从褒斜道进驻箕谷，作出进攻郿县、直逼长安的样子，以吸引魏军主力，而蜀国真正的主力则由诸葛亮带领，向西北出祁山，攻打曹魏雍州的陇右地区。多年来魏国的军事重心一直在魏吴边境地区，西部地区兵力相对薄弱，诸葛亮带领大军出其不意进军陇右地区，打了曹魏一个措手不及，天水、安定、南安三郡纷纷倒戈投降了诸葛亮。在这种形势下，曹魏的雍州刺史郭淮也只好带着陇右的残余兵力退守上邽，固守待援。陇右五郡中一下子丢失了三郡，另两个郡也是岌岌可危。陇右紧邻关中，陇右有失则关中危殆，魏明帝曹叡闻讯不敢怠慢，亲自率领大军进入关中。曹叡坐镇长安指挥调度，一方面命大将军曹真率军至长安附近的郿县，堵住褒斜道的出口，防御赵云、邓芝这路蜀军；另一方面命左将军张郃率军前往陇右地区救援。此外，曹魏的凉州刺史徐邈也遣手下参军与金城太守从西面一同率军反攻南安郡。

为了阻击曹魏救援陇右的军队，诸葛亮派遣马谡率军在关中通往陇右的必经之地街亭阻击曹魏援军，诸葛亮给马谡的任务是拖住曹魏援军半个月以上，这样诸葛亮才能有足够的时间平定陇右五郡。只是曹魏援军来得太快，马谡在街亭还没来得及构筑好防御工事，张郃大军就杀到了。蜀军在平地是无法与魏军的骑兵相抗的，马谡只好把主力部队拉到旁边的山上，跟张郃大军对峙。马谡率军上了山，等于给张郃让开了道路，不过张郃并不敢就这样通过街亭直奔陇右。为防止马谡切断魏军退路，张郃必须先拔掉马谡这颗钉子。马谡率军上了山，居高临下，占据地利，纵使张郃方面有骑兵优势也难以发挥了。张郃见招拆招，也没有选择强攻，而是先派军在山下将马谡的军队包围，而后又派军切断了蜀军的水源，就这样，马谡的军队仅仅坚持几天就被张郃打垮了，魏国援军顺利进入陇右，关中到陇右的大通道也被打通了，诸葛亮夺取陇右的计划注定要失败了，于是诸葛亮率领大军强掳了陇右一千余家百姓回到了汉中。

诸葛亮的第一次北伐以失败告终，也是情理之中的事。蜀军靠着出其不意才在战争初期占领了曹魏陇右的三个郡，等魏军主力一来，也就只能撤兵了，蜀汉方面无论军队数量还是军队质量都跟曹魏相差太远。据史书记载，魏明帝曹叡听说诸葛亮大军攻入陇右的消息后，并不惊慌，摆出一副运筹帷幄的样子说："蜀汉方面靠着崇山之险龟缩防守，才能苟延残喘至今，现在诸葛亮主动率领主力大军进入我们的地盘，这正是歼灭蜀汉主力的好机会。"其实魏明帝所言不虚，蜀汉并没有与曹魏正面硬打的实力，在曹魏的地盘上与曹魏主力决战的话，必败无疑。关于这一点，诸葛亮比谁都清楚，所以一见张郃带领的部分魏军主力进入陇右，立马就抓紧时间撤兵了，如果等到曹真再率领的另一部分主力进入陇右，那蜀军就有全军覆灭的危险了。

第七章

大将军之路

一、孙权的皇帝梦

听到诸葛亮北伐的消息，孙权终于长出了一口气，这么多年来，吴国几乎扛下了曹魏的所有火力，这次蜀汉终于履行盟友义务帮吴国分担了部分压力。孙权上次趁丧伐魏不但一无所获，还丢了皖城、叛逃了韩综等部将，自然是十分不甘心的，所以孙权回到武昌以后，就计划先派兵夺回皖城，收复失地。吴国应该是在太和元年（227）夺回了皖城。曹魏方面也没怎么抵抗，几乎是主动放弃了皖城。因为魏军也知道皖城是很难守住的，从合肥到皖城的通道，十之八九都在“安庆谷地”里。

“安庆谷地”是一条狭长的谷地，被大别山和长江夹在中间，谷地西边是大别山，东边是长江，十分有利于吴军的机动，吴军控制着长江，可以在“安庆谷地”的任何一个点发起攻击。这段谷地的道路都是山路，很多路段还非常狭窄，不利于陆军行军，大军在谷地里很容易被伏击。吴军围攻皖城，合肥的魏军如果去救，那就要深入“安庆谷地”，除非兵力上有绝对优势，能分兵坚守好沿途的要冲，否则很容易被吴军主力截断后路，包了“饺子”，因此从曹操时代开始，魏军都难以长期占据皖城。

太和二年（228）初的诸葛亮北伐给孙权打了一针强心剂，

孙权也计划给曹魏一记重拳。这一年孙权已经46岁了，他已经做了28年的江东之主。近些年来，他眼见曹操的儿子做了皇帝，紧接着刘备也做了皇帝，后来刘备的儿子也做了皇帝，现在连曹操的孙子都做了皇帝，你说他心里能不急吗？孙权做梦都想当皇帝啊，可孙权想实现皇帝梦，难度不是一般的大。除了缺乏法统依据和外部压力以外，在豪强大族遍地的吴国，孙权的威望和权力不足也是一个重要原因。吴国的官吏百姓普遍对中原王朝有畏惧之心，对孙权称帝的信心并不是很充足。所以孙权需要一场对曹魏的胜仗来帮助自己实现称帝的梦想。

据说当年曹丕称帝的时候，消息传到东吴，孙权万分失落地对臣子们说："曹丕比我还小几岁，却已经当上皇帝了，我真是羡慕嫉妒恨啊。"群臣闻言大部分没有吱声，只有一个叫阚泽的大臣说："曹丕再活不了10年了，你放宽心吧。"孙权问："你这样说有什么根据呢？"阚泽回答道："曹丕名字里有个（丕）字，拆开就是（不十），这就预示曹丕活不了十年了。"史书上没有记载孙权的反应，我想孙权听完估计是想骂娘的，这不是把孙权当二傻子哄吗？你怎么不说，曹丕已经中了你的远程闪电五连鞭，百年之内必死呢？在医疗条件落后的古代，10年以后，孙权活不活着还两说呢。再者，"丕"字拆开，应该是"不一"，那曹丕应该活不过1年才对啊。非要牵强附会成"不十"，显然是因为一年太短，容易打了自己的脸。玩这种糊弄小学生的拆字把戏有意思吗？

要知道曹丕称帝时，孙权的正式职位也仅仅是骠骑将军、荆州牧、南昌侯，离皇帝的位置还差着十万八千里，而当时刘备已经做了一年多的汉中王。孙权发言的目的无非是想让大家也劝进一下，潜台词就是："我孙权可以不当皇帝，但你们不能不劝啊，就算不劝进当皇帝，起码也应该先劝进当个诸侯王啥的吧。"可东吴群臣们一个个都毫不理睬的样子，阚泽的发言则更像是在戏弄孙权。如果当年刘备准备称王时，手下的臣子也像东吴群臣那样爱搭不理的，那刘备肯定是没底气称汉中王的。

最后孙权的吴王头衔还是从曹丕那儿求来的。根据史书记载，曹丕刚一受禅称帝，孙权就立马遣使进贡称藩，曹丕一高兴，就要封孙权为吴王，侍中刘晔立马站出来说："孙权虽然有雄才，但名义上只是汉朝的骠骑将军、南昌侯，官轻势卑，孙权治下的基层吏民都有畏惧中央政府的心态，也不是心悦诚服地忠于孙权，如果这次真要册封孙权，那提升一下孙权的将军等级，再封他一个十万户侯，就够了，切不可封他为王爵。王爵和皇帝相比，就差一步了，衣食住行都跟皇帝差不多，老百姓们也容易混淆。孙权只要还是侯爵，那东吴的吏民就和他没有君臣的名分，孙权就会缺乏君主的权威。如果封孙权为王，就使得江东吏民与他确立了君臣关系，那等于给孙权这头猛虎添上了双翅。”

事实上，刘晔说得很有道理，当时东吴的各大豪门对孙权这个领导也并不是心悦诚服的。曹操被封王以后，刘备在群臣的轮番劝进下也称王了，后来曹丕在群臣一波又一波的劝进下称帝了，紧跟着刘备也在群臣一波又一波的劝进下称帝了。反观孙权这边呢，群臣好像没事人一样，熟视无睹。最后，孙权的吴王头衔还是低三下四地从曹丕那儿求来的。

据《三国志》记载，孙权被曹丕册封为吴王以后，十分高兴，他终于可以名正言顺地统治东吴了，自然要热烈庆祝一番。在庆祝宴会上，孙权实在是喝得太高兴了，要群臣不醉不休，吴国的一位政治大佬张昭听完这话当时就变脸了，掉头就走。孙权赶紧叫人把张昭请回来，对他说：“本来就是大家一块儿乐和乐和的事，您怎么突然就生气了？”张昭回答说：“当年纣王搞酒池肉林，也就是乐和乐和的事，他也不认为是作恶啊。”孙权听了一脸尴尬，被张昭这么一搅，宴会也就不欢而散了。表面上看张昭这是正气凛然，可但凡有点生活经验的都知道，这不就是故意上纲上线让孙权难堪吗？东吴的一把手孙权好不容易拿到了中央政府的任命书，裂土封王了，光宗耀祖啊，要知道孙权的爷爷那一代还是贫农呢，现在终于鲤鱼跃龙门了，用刘晔的话说“离皇帝就差一步了”，这种大喜的日子里，孙权让手下的员工们一起乐和乐和，有什么不可以的呢？犯得着上纲上线吗？张昭这样公开打脸孙权，目的就是提醒孙权，不要觉得做了吴王就可以为所欲为了，吴国是豪门大族们共有的吴国，不是你孙权“一言堂”的吴国。尽管孙权也一再打压张昭，可张昭始终还是在东吴权力场的最前排就座，这就是实力的体现。其实东吴内部敢公然让孙权难堪的绝不止张昭一个，比如有个叫虞翻的大臣也曾多次在公开场合让孙权难堪，只不过虞翻没有张昭那么强的实力，所以被孙权多次流放过，可虞翻同样也多次复起了，这也是实力的体现。总而言之，敢在公开场合让孙权难堪的大臣们都有一个共同特点：都是东吴豪门大族出身。孙权足足用了二十多年时间才逐步摆平了这些人。这是孙权迟迟无法称帝的一个重要原因。

二、曹休陨落

到曹叡继位的时候，孙权经过了二十多年的集权，国内的政治重臣们基本都被搞定了，同时吴国的外部环境也改善了，这种情况下，孙权又产生了称帝的心思，不过此时孙权离实现皇帝梦，似乎还差那么一点点，孙权所差的就是一场对宗主国魏国的大胜仗。毕竟吴国名义上一直是曹魏的藩属，吴国吏民也普遍对曹魏这个中原王朝有畏惧之心，曹魏屡屡兴兵伐吴，仿佛就是悬在孙权头上的一把利剑。如果孙权能取得一场对曹魏的大胜仗，那既可以大大提高自己的威望，又能提振吴国吏民对抗中原王朝的信心，更重要的是能让曹魏不敢对吴国轻举妄动，称帝自然也就水到渠成了。所以曹丕一去世，孙权就丝毫不讲武德，急吼吼地趁丧伐魏，结果大败而回，令人灰心丧气。虽然不久之后孙权就夺回了皖城，但也没有对魏军造成有效杀伤。可诸葛亮的北伐又给了孙权信心，因为这意味着一部分军事压力会转移到西北了。不过孙权也有自知之明，知道吴军要想在江淮战场上取得一次对魏军的大胜，只有采取诱敌深入的办法才行，只要能把魏军吸引到皖城附近的"安庆谷地"里，然后利用"安庆谷地"的地利优势，吴军主力大军就有机会全歼魏军。

战争计划做好了，问题是魏军怎么才能乖乖听话，钻进吴军的包围圈呢？孙权给出了一个方案，就是让吴国鄱阳太守周鲂去联络一个鄱阳境内的山越部族首领，让这个首领假装要叛乱，联系魏军来接应，大概就是"黄盖诈降"的套路，这样就能把魏军引入"安庆谷地"包围圈。周鲂立马否决了这个方案，他认为山越部族首领分量太轻，魏军未必会上当，还是自己亲自当诱饵比较可行。随后周鲂就以自己得罪了孙权为由，多次写信给曹魏大司马曹休，表示自己也想学韩综，弃暗投明，归降曹休，希望曹休能派万余军队来皖城、广阳之间接应。而孙权这边也配合演戏，多次派出使者到鄱阳郡，大张旗鼓地调查周鲂的违法违规行为，并严厉地申斥了周鲂，配合制造出了周鲂要被撤职的风声。为了让这场戏显得更逼真，周鲂又在鄱阳郡政府的大门口，当着广大百姓的面剪下头发，以示向孙权谢罪。

在周鲂和孙权的双簧表演下，大司马曹休终于相信了，曹休决定利用这个机会再给吴国一次重创。太和二年（228）九月，坐镇淮南的曹休一方面上书魏明帝曹叡汇报情况，另一方面与建武将军王凌、琅琊太守孙礼等带兵十万向皖城进发。得到报告的曹叡对周鲂投降也信以为真，本来曹叡已经制订好了征伐吴国的计划，就是司马懿提出的那个“虚攻皖城、实打夏口”的方案，但周鲂的投降使曹叡临时改变了方案，曹叡决定再派遣两路大军征讨吴国，以策应曹休。曹叡让豫州刺史贾逵、前将军满宠和后将军朱灵从西阳出兵进攻东吴东关，又让骠骑大将军司马懿从南阳出兵进攻吴国的江陵。三路大军总计二十万人浩浩荡荡杀向东吴。孙权本来只是想引来万余的魏军，没想到曹魏玩这么大阵仗，不敢有丝毫马虎，立即展开军事部署。孙权任命陆逊为大都督，朱桓、全琮分别担任左右都督，各领三万人马在皖城附近布好了包围圈。

曹休大军行进到中途的时候，得知了东吴大军在皖城驻扎的消息，知道被周鲂所骗，此时琅琊太守孙礼苦劝曹休退兵，但曹休自恃兵多将广，可以分兵把守沿途要冲，又轻视吴军，执意要去皖城与吴军一战。于是曹休大军一头扎进了吴军的包围圈，在皖城附近的石亭遭遇了吴军的进攻，陆逊率主力大军从正面攻击，朱桓与全琮两个军团进攻曹休的两个侧翼。吴国大军占有地利优势，以逸待劳，很快击溃了远道而来的曹休大军。

曹休大军从石亭一路溃逃到"安庆谷地"的入口附近的夹石，没想到夹石已经被吴军控制，退路被切断。眼看曹休大军就要全军覆没，幸好豫州刺史贾逵有先见之明，他率领的另一路大军没有前往东关，而是昼夜急行前来援救曹休，终于及时赶到了夹石。吴军见已经无法截断魏军的退路，只好撤退了，这场战役史称"石亭之战"。这一战，吴军共歼灭魏军一万多人，缴获牛马骡驴等车一万多辆，缴获的其他军资器械更是不计其数。这是自孙权对曹魏称臣后，吴国对曹魏取得的一场最大的胜利，极大地提振了吴国上下对抗曹魏的信心，也夯实了孙权称帝的基础。就在这场胜利之后的次年四月（229），孙权终于实现了皇帝梦，在武昌正式称帝，建号为吴。

石亭大败之后，曹休又气又恼，愧疚难安，主动向魏明帝上书谢罪。魏明帝并没怪罪曹休，反而派遣使者慰抚曹休，礼节赏赐更加优厚，不过曹休终究还是没能度过这个坎，不久之后就因病去世了。曹休死后，四大辅臣只剩了三个，司马懿成了曹魏军界事实上的二把手，权力和影响力都增强了。曹休的陨落对曹魏宗室是一大损失，对司马懿却是一大幸事。

三、接二连三的北伐

就在石亭之战结束后才三个月，诸葛亮就发动了第二次北伐。原来诸葛亮听说曹休战败，魏军大量主力都集中在东南地区，便趁着关中地区兵力薄弱的机会发动了第二次北伐。太和二年十二月（229 年年初），诸葛亮率领大军从散关出发，经陈仓道进入关中，直接包围了曹魏的陈仓城。诸葛亮的这条北伐线路其实早已被曹魏的大将军曹真猜到了。曹真在诸葛亮第一次北伐时，受魏明帝之命，率军攻打屯驻在箕谷的赵云、邓芝等部，赵云、邓芝这路偏师本就是吸引魏军主力的疑兵，实际兵力很少，自然不是曹真大军的对手，赵云从褒斜道逃走时，为防止曹真大军追击，烧毁了褒斜道一百余里的栈道，导致褒斜道这条汉中通往关中的道路断绝。考虑到子午道和傥骆道过于险峻，且出口离曹魏的关中军事重心长安太近，曹真判断诸葛亮再次北伐应该会走陈仓道，然后攻击陈仓道出口处的陈仓城。于是曹真选用了在西北地区颇有威望的将领郝昭来镇守陈仓，并叮嘱郝昭抓紧修缮陈仓的城墙，加强防御。只是曹真没料到诸葛亮的第二次北伐来得这么快，还没来得及给郝昭增加兵马，陈仓城虽然重新修缮加固了，但城内的守军却只有一千多人。多亏了郝昭是个诚实的包工头，重修陈仓城时没有偷工减料，陈仓城被修得结结实实。

就靠着陈仓坚固的城防，郝昭这一千多人愣是硬扛住了蜀汉大军二十多天的围攻。诸葛亮大军到来之后，先玩攻心战，找了郝昭的一个老乡来劝降，被郝昭严词拒绝后，诸葛亮便下令强攻，蜀汉大军把云梯、冲车、地道等各种强攻手段用了个遍，连续围攻了二十多天，也没能攻破陈仓城，最后蜀汉大军因军粮不足，只好在曹魏援救大军到来之前撤军了。

就在诸葛亮撤军的时候，西部战区统帅曹真派出的援军也赶到了，不过这支援军并不是从长安派出来的，而是从凉州方向赶来的。此时曹魏留守关中的兵力严重不足，坐镇长安的曹真为保长安无虞，并不敢分散长安的兵力，所以就从凉州调兵前来增援陈仓。

在诸葛亮退兵时，费曜派遣部将王双带领小股骑兵追击，结果中了诸葛亮的埋伏，王双被蜀军斩杀。蜀汉方面总算是取得一点点战果，诸葛亮的第二次北伐就这样草草结束了。

据说，当时魏明帝得到蜀汉大军围攻陈仓城的消息后，立马派遣张郃从洛阳率兵救援。在张郃出征前，魏明帝亲自为张郃送行，给张郃配备了三万大军外加武卫、虎贲两营的特种部队，就这样魏明帝还是不放心，忧心忡忡地问张郃："等你带大军开到前线，诸葛亮不会已经占领陈仓了吧？"张郃胸有成竹地回答："我到达前线之前，诸葛亮肯定已经撤军跑路了。据我推算，诸葛亮的粮草支撑不了10天就要耗尽了，到时候他只有退军一条路了。"果然，张郃的大军走到半路，诸葛亮方面就撤军了。实话实说，就以诸葛亮的这种攻坚战表现，要说他能带领蜀汉大军北复中原，那不是天方夜谭吗？

第二次北伐失败后，诸葛亮并不气馁，他率军返回汉中后稍作休整，便又发动了第三次北伐，效率之高，令人惊叹。太和三年（229）春，诸葛亮派出手下一个叫陈式的将领，率领数千人进攻曹魏的武都、阴平二郡。这二郡地处陇右地区以南的秦岭山脉中，十分偏僻荒凉，防守也薄弱，曹魏的中央军一时难以救援，而且蜀汉方面只出动了不到万人的进攻部队，规模比较小，目的是吸引雍州刺史郭淮的地方部队前来援救。郭淮得知蜀汉军队进攻二郡，果然率领一万多地方军队前来救援，这正中诸葛亮的下怀，诸葛亮就是要围点打援，歼灭郭淮这支地方部队。诸葛亮率主力大军驻扎在建威，正准备切断郭淮的退路。哪知道郭淮及时识破了诸葛亮的意图，在诸葛亮大军包围圈形成以前，率军逃了出去，放弃了援救武都、阴平二郡。没有了援军，武都、阴平二郡自然被蜀汉方面占领了。不过这二郡地处深山之中，人口稀少，百姓主要以羌人、氐人为主，荒凉偏僻，交通又不便，对曹魏而言也无足轻重，所以曹魏也没有出动大军反攻。

在攻取曹魏的武都、阴平二郡后，诸葛亮安抚了当地的氐人、羌人，然后留兵据守，自己率军回到了汉中。诸葛亮第三次北伐虽然没能实现歼灭曹魏陇右地方部队的计划，但好歹夺取了曹魏两个郡，可以加强汉中的防御，也算是有所收获。诸葛亮的这两次北伐，始终是大将军曹真坐镇关中，这期间，司马懿一直在荆州打造战船、训练水军，为征伐吴国做准备，司马懿没想到他打造出的水师后来竟然先用来伐蜀了。

四、四路伐蜀

也就是一年的时间里，诸葛亮三次带领蜀汉主力大军兴兵伐魏，这导致魏国的军事重心被迫西移，魏国主力无法集中对吴的战场了，再加上石亭之战的大败，显示出了吴国强悍的实力，魏明帝原来制定好的“先吴后蜀”的战略事实上已经破产了，于是“先蜀后吴”这个战略就成了曹魏朝堂讨论的重点。大将军曹真曾长期负责曹魏的西部防务，对蜀汉的军队比较熟悉，还成功预判了诸葛亮的第二次北伐路线，曹真力主伐蜀；但另一位辅政大臣司空陈群则反对伐蜀，主要理由是伐蜀的后勤压力太大，蜀道艰险，粮食运输困难，伐蜀的军费开支将是一个天文数字。司马懿则保持中立，没有明确发表意见。在魏明帝的支持下，最终曹真方面占了上风，魏明帝让曹真全面负责伐蜀大计。太和四年（230），伐蜀方案制定完成，曹魏将发动四路大军同时伐蜀。

第一路大军大约十万人，是此次伐蜀的主力军，由大司马曹真亲自率领，夏侯渊之子夏侯霸担任前锋，计划从长安出发，走子午道，直扑汉中；第二路大军大约五万人，由大将军司马懿率领，计划从宛城出发，沿汉水逆流而上，经过东三郡，杀入汉中；第三路大军大约三万人，由车骑将军张郃率领，计划走褒斜道，进入汉中；第四路大军大约两万人，是凉州、雍州的地方军队，由费曜、郭淮带领，计划走祁山道，从西北方向攻击汉中。曹魏四路大军合计二十万人左右，意图一举夺取汉中。

在伐蜀之前，魏明帝专门为这两位辅政大臣升职加薪以示激励。曹真由大将军晋升为大司马，填补了曹休去世后的空缺，终于正式成为曹魏的军界一把手。司马懿也跟着从骠骑将军晋升为大将军，成了名副其实的军界二把手。

蜀汉方面得知曹魏伐蜀后，也没有惊慌，诸葛亮屡次挑衅曹魏，料到了曹魏早晚会大举报复，已经提前构筑好了防御体系。蜀汉的防御采取了“错守诸围”的策略，也就是将兵力分散部署在前线的各个要冲据点（“诸围”），利用这些要冲据点分别阻塞进入汉中的各条道路，将敌人拒于汉中之外。当时汉中的外围据点主要有："黄金围"，主要防范子午道进攻之敌；"兴势围"，主要防范傥骆道进攻之敌；"赤坂围"，在"兴势围"南面的汉水边上，可以堵住从汉水下游经东三郡逆流而上的敌人；褒城，主要防范褒斜道进攻之敌；阳平关，主要防范祁山道、陈仓道进攻之敌；另外，诸葛亮结束第三次北伐返回汉中后，又在汉中盆地的西端和东端分别修筑了"汉、乐"二城，以加强汉中的防御。得知曹魏将要伐蜀后，诸葛亮调集了十余万大军，分驻各大要冲据点防御魏军。

太和四年（230）八月，曹魏各路大军陆续出动，进入秦岭的各条通道，直扑汉中。各军刚刚出发不久，秦岭地区就出现连续的特大暴雨，大雨连下了一个月，山洪暴发，秦岭中主要的几条通道都被山洪冲垮，各路魏军都陷入了艰难跋涉。曹真率领的第一路魏军，在子午谷中慢慢向前蠕动，前后部队脱节。夏侯霸的前锋部队出发较早，赶在山洪之前就穿过了艰险的路段，率先抵达了兴势围和黄金围附近，但很快就遭到了蜀军的大规模进攻，有全军覆灭的危险，甚至夏侯霸一度亲自上阵与蜀国士兵肉搏，幸亏后面有部分援军赶到，帮夏侯霸解了围。不过，诸葛亮大军严阵以待，又占有地利，前锋的这点儿魏军始终无法突破蜀军的防线，双方陷入了僵持，而魏军的主力迟迟不能到达前线。

曹真的主力大军滞留在子午道中途，大军出发了一个月才走了一半路程，此时不仅司空陈群建议退兵，连德高望重的太尉华歆也强烈建议撤军，于是魏明帝也只好下诏撤军了。

司马懿率领的第二路魏军，走的大部分是水路，而且是在秦岭以南，比走秦岭各通道的魏军情况要好很多，不过因为是沿着汉水逆流而上，在水流湍急的水段也遇到了不少困难。史书上说司马懿这路大军“斫山开道，水陆并进”，终于进入了汉中。据说司马懿大军进入汉中后，攻破了蜀汉的新丰县，不过新丰县离这次行军路线比较远，可能是记载有误。司马懿的大军进入汉中后，沿汉水抵达了赤坂的前沿地区，驻军于“丹口”。因为滞留于子午道中途的曹真大军已经开始撤军，不会前来与司马懿大军会合了，司马懿也只好退军了。

张郃的第三路大军应该是都没有走出褒斜道就返回了，之前提到过褒斜道在诸葛亮第一次北伐时就被赵云破坏了，这时候应该是还没完全修复好，又恰好遭遇了山洪暴发，道路又断绝了，所以张郃方面的进军速度更慢，没等抵达汉中就接到了班师的命令。而第四路大军是最弱的偏师，不仅无功而返，还在撤军过程中被蜀汉方面的将领魏延、吴懿率军反击，在南安郡的阳溪大破这路魏军。

就这样，曹魏规模庞大的伐蜀行动以失败告终。在诸葛亮时代，蜀汉政局稳定，号令统一，官吏廉洁，政府高效，其战争动员效率远高于魏国。因此蜀汉虽然国力较弱，却被诸葛亮打造成了一架高效的战争机器。蜀汉又依托崇山之险打造出了完备的防御体系，在这种背景下，魏军伐蜀是很难取得什么成果的。

第八章

御蜀平辽

一、四次北伐

曹真在伐蜀的路途中遭遇连续暴雨，可能是遭受了风寒湿邪的侵袭，在回军途中就病倒了。返回洛阳之后，曹真很快就一病不起，无法视事了。太和五年（231）三月，曹真在洛阳病逝，曹丕死前指定的四大辅臣只剩下司马懿和陈群了，而司马懿则成为毫无争议的曹魏军界一把手，夸张点说，从军后的司马懿其实什么都没做，也没有什么显赫的军功，在碌碌无为中就成了曹魏军界的一把手，可谓“躺赢”了。

就在曹真奄奄一息的时候，诸葛亮又来挑衅曹魏了。太和五年（231）春，诸葛亮率领大军再赴祁山，兵锋直指陇右地区。之所以这次北伐又选择陇右地区，据说是因为陇右地区遭了旱灾，粮食储备不足，曹魏主力大军前来也很难就地筹粮，而诸葛亮在第三次北伐拿下了武都、阴平二郡，相继控制了西汉、漾、浊三条水系，蜀军的军粮可以从汉中水运至陇右，损耗大减。蜀汉又在部分陆运的山道上使用诸葛亮发明的“木牛”这种先进的运粮工具，蜀汉方面的后勤运粮效率大大提高了。此消彼长，蜀汉方面对这次北伐的信心大增。诸葛亮的蜀汉大军一到祁山，就先包围了曹魏在此建造的要塞祁山堡。祁山堡守军不多，不过地势险要，四面都是高崖绝壁，蜀军一时也难以攻克。

此时曹魏西部战区的统帅大司马曹真已经奄奄一息，大将军司马懿临危受命，接替曹真主持雍、凉二州的军事工作。司马懿统领车骑将军张郃、后将军费曜、征蜀护军戴陵、雍州刺史郭淮等将领抵御诸葛亮大军。此前司马懿一直负责的是曹魏中部战区（荆、豫二州）的军事工作，他对西部战区（雍、凉二州）的军事并不熟悉。

司马懿刚一上任就和车骑将军张郃产生了矛盾。张郃对司马懿并不太服气，司马懿刚出仕做文学掾的时候，张郃就已经是平狄将军、都亭侯了，作为曹操的五子良将之一，张郃的资历、战功都远高于司马懿。而司马懿在曹操、曹丕时代基本都是文职官员的身份，最多也就是在军队里管个后勤，直到曹叡时代才开始掌兵，也没打过什么大仗、硬仗。在张郃心里，司马懿只是靠着和曹丕关系好，才坐着火箭蹿升到了自己前面，并没有什么真材实料。而此前的西部战区统帅曹真，是冒着枪林弹雨从死人堆里爬出来的将领，又是曹魏宗室，张郃对其还算服气。曹真病重之后，张郃满以为自己可以接替曹真担任西部战区的统帅，毕竟张郃在西部战区征战多年，在雍凉诸将中威望很高，和诸葛亮的过往交锋也不落下风。万万没想到，魏明帝竟把司马懿空降到西部战区担任统帅，张郃自然是不太服气的。而司马懿空降西部战区后，也很快发现以张郃为首的雍凉诸将对自己的这个统帅都是一副不服不忿的样子，自己要想在西部战区立足，就绝不能出现重大纰漏，这次只要能把诸葛亮大军赶走，就算胜利，所以司马懿的战争策略偏向保守。

果然，司马懿和张郃二人在战争一开始就产生了分歧。面对蜀汉军队来袭，司马懿安排费曜、戴陵领兵四千去协助郭淮防守陇西四郡的粮食基地上邽，自己则与张郃率主力部队去救援祁山堡。张郃听完这个安排立马呛声反对，他建议分一部分军队镇守雍城、郿县这两处关中要地，以防诸葛亮像第一次北伐那样另有奇兵从褒斜道或陈仓道攻入关中。司马懿则针锋相对，立马否决了张郃的建议，理由是分兵风险太大，如果前军被诸葛亮击败，诸葛亮再乘胜追击，那魏军就要被各个击破了。最后张郃的反对无效，按司马懿的意见执行。

司马懿没想到的是，此时蜀汉方面只留下少量军力包围祁山堡，而主力大军则跟着诸葛亮杀向上邽收麦子去了。司马懿在救援祁山堡的中途才得知了这个消息，此前司马懿只派了四千军队去协防上邽，加上上邽本来的守军一共也不过一万多人，估计是拦不住诸葛亮大军收割麦子的。此时司马懿带领的主力大军离上邽有三百里之遥，远水解不了近渴，诸将都十分担心，司马懿却镇定自若地安慰大家："不要慌，诸葛亮这人我了解，他做事谨慎，蜀军到了上邽肯定先安营扎寨，构筑防御工事，然后才割麦子，咱们现在日夜兼程，两天就能到达上邽，估计还来得及。”

等司马懿的主力大军赶到上邽东郊时，正巧与诸葛亮大军相遇了，原来诸葛亮已经把上邽的麦子割完了，正要返回。上邽的魏将费曜、郭淮等人确实也尽力阻拦蜀汉军队收割小麦了，奈何兵少实在拦不住。这跟司马懿的预测似乎不太一致，司马懿见此情景，虽然尴尬但也不气恼，他没有气急败坏地与诸葛亮玩命，而是收缩兵力，占据险要位置，摆出一副防守的架势。诸葛亮一看司马懿这么能忍，吃了这么大亏，还是只守不攻，而且司马懿又占了地利，诸葛亮也不敢进攻，两军短暂对峙了一段时间后，诸葛亮就率军缓缓撤往祁山堡方向了。

司马懿见诸葛亮也不敢来进攻，又来了精神，想给自己挽回点面子，大笑着对手下诸将说：“诸葛亮根本不懂兵法，我军日夜兼程，疲惫不堪，正是虚弱的时候，诸葛亮却不利用这种好机会进攻，诸葛亮不过尔尔。”见诸葛亮大军撤往祁山堡方向，司马懿怕祁山堡有失，下令全军尾随蜀汉大军也去往祁山堡方向。于是一个奇怪的景象出现了，蜀汉主力大军在前，曹魏主力大军在后，两支主力大军就这样一前一后，保持着安全距离，缓缓去往祁山堡，双方都不敢进攻对方，只是保持着高度警戒。

这时候张郃又跳出来给司马懿提建议了，张郃说：“诸葛亮孤军深入，着急跟我军决战却没有得逞，长久对峙又对蜀军不利，所以诸葛亮就退往祁山堡方向，这是想在祁山堡玩围点打援。现在祁山堡的守军已经知道救援马上就到，人心已经安定，咱们就不着急去救援了。咱们不能被诸葛亮牵着鼻子走，而应该给诸葛亮玩个声东击西，主力大军就驻扎在这不动，然后分一支奇兵，包抄到蜀军背后，袭击蜀军的后勤补给线，这样诸葛亮坚持不了多久就要退回汉中了。而不应该一直尾随着蜀军又不敢跟蜀军决战，这让陇右的百姓看到，也太丢人了吧。”

司马懿细细一品张郃的话，算是听明白了，说来说去，张郃就是想玩分兵，想脱离自己掌控，独立行事，抢立奇功。司马懿早就抱定了打压张郃的想法，又怎么能让张郃得逞呢？于是司马懿毫无意外地又拒绝了张郃的建议，坚定地继续率领主力尾随蜀汉大军。蜀汉大军到了祁山堡东北方向不远处的卤城就不走了，蜀汉大军屯驻于卤城，又分别占据卤城两侧的山地。祁山堡和卤城都在狭长的谷地里，两侧都是连绵的山脉。山地战不利于骑兵发挥，所以诸葛亮打算在这跟司马懿大军决战，司马懿也很鸡贼，到了卤城附近立马下令全军也登山掘营，占据有利地形，继续跟诸葛亮大军对峙，反正就是不进攻。

为了诱使司马懿大军主动进攻，诸葛亮做了一个大胆的决定，让围困祁山堡的王平撤围，向东北面的卤城靠拢。诸葛亮让王平镇守卤城南面的防御阵地南围，这样蜀军的全部主力都集中于卤城地区了。祁山堡的守将贾嗣、魏平终于松了一口气，也和司马懿大军取得了联系。此时蜀汉大军实际上是被曹魏军队南北包夹了，司马懿主力大军在北，祁山堡守军在南，诸葛亮大军在中间，蜀军粮道也断绝了。

诸葛亮露出这么大破绽，司马懿就是不想进攻恐怕也不行了。以张郃为首的雍凉诸将集体请战，司马懿开始一直装病婉拒。最后，贾嗣、魏平这两位将领居然公开让司马懿下不来台了，二人当众表示说："你这样畏蜀如虎，不成了天下人的笑柄吗？"这种情况下，司马懿只好同意出战了。

魏军兵分两路，一路由张郃率领绕到卤城南面，与祁山堡守军一起进攻王平防守的南围；另一路由司马懿亲自率领，从北面进攻诸葛亮的主力大军。结果，张郃这路大军始终无法突破南围，而司马懿这路大军被诸葛亮的主力大军打得大败。这一战，保守估计魏军被歼灭过万，可以说，诸葛亮利用地利优势玩的这个防守反击很成功，不过蜀军还是不具备全歼魏军主力的实力。

司马懿在卤城失利后，马上率军后撤到开阔地带，离开山谷，魏军就不怕蜀军了。而诸葛亮基本一直遵循着防守反击的战术，也不敢贸然追击魏军主力，于是双方又进入了对峙之中。

一个月后，蜀汉大军的粮食即将耗尽了，因为天气原因后方的粮草供应也难以为继，这种情况下，诸葛亮只好做撤军准备了。司马懿这边其实也不好过，因为被诸葛亮抢走了很多小麦，魏军也面临着缺粮的危机，好在雍州刺史郭淮在陇右的羌民中威望很高，从羌民手中借到了一批粮食，暂时解决了魏军的粮食危机，后续的粮食只能从关东长途调拨了，不过司马懿就是强咬着牙也要把诸葛亮耗走。

在得知诸葛亮撤军的消息后，司马懿准备给诸葛亮点颜色，好挽回一下卤城之战的损失。他先命张郃率一支骑兵追击诸葛亮大军，诸葛亮早料到会有追兵，便在木门谷设下伏兵，张郃追击到木门谷中伏身亡。不过司马懿也料到诸葛亮可能会设伏对付追兵，所以才派张郃去当炮灰的。司马懿真正的杀着儿是第二次追击。张郃中伏后，司马懿亲率精锐骑兵再次追击蜀军，这次蜀军没有防备，被打得大败。据说蜀军死伤万人，也可能是司马懿夸大了，但无论如何，司马懿第二次追击蜀军取得了一些战果，总算也挽回了一些颜面。司马懿这着儿大概是和前辈贾诩学的，当年贾诩就用二次追击这一着儿，帮张绣打败撤军的曹操。只是这次可怜了张郃，一代名将就此陨落。司马懿本意可能也未必想让张郃死，只是想挫挫张郃的锐气，树立自己在西部战区的权威，哪知道张郃运气不好，竟然中箭身亡。张郃之死，对曹魏朝廷来说是一个巨大的损失，但对司马懿来说，确实是个好事，从此，曹魏西部战区再也没有一个能跟司马懿分庭抗礼的军界重臣了。

诸葛亮的这次北伐坚持了三个多月，相比于前几次北伐，进步了很多，同时依靠蒲元刀、连弩等武器，蜀军在面对魏军主力时也不落下风，但蜀军的攻城能力短板依旧比较明显。

二、五次北伐

诸葛亮率大军退回汉中以后，司马懿终于长出了一口气，这也意味着司马懿通过了考验，坐稳了西部战区统帅的位置，魏明帝曹叡也对西部战区的将士进行了嘉奖。通过诸葛亮的第四次北伐，司马懿深刻明白了一个道理：粮食才是决定他和诸葛亮对决胜负的关键。就因为事前不知道蜀汉的后勤支撑能力已经大大提升了，魏军才在粮食准备方面出现了重大失误，要不是郭淮从羌人那借来粮食，魏军还没等打仗就先被诸葛亮耗死了。所以诸葛亮一走，司马懿就把工作重心转移到农业生产上了。司马懿先是上表天子，请求将部分冀州的农民迁徙到上邽来屯垦土地，之后又在陇右地区大力兴修水利，促进农业生产。司马懿还在陇右地区大炼钢铁，打造兵器，改善军队装备，又在京兆郡设立军市，方便向民间购买粮食。此外，在西部战区的人事方面，司马懿也做了一番整顿，打压排挤了那些和张郃关系密切的将领，提拔了一批自己的亲信。通过一系列的人事调整，司马懿加强了对西部军区的掌控。总之，司马懿为新一轮战争的到来做了充足准备。

就在司马懿大搞农业生产的同时，诸葛亮同样也在紧抓农业生产。诸葛亮用了三年时间积蓄粮草、训练军队，又将运粮的交通工具“木牛”改造升级为“流马”，进一步提升了运输效率。此外，诸葛亮还整修了褒斜道的栈道。之前说过，诸葛亮第一次北伐时，赵云率领偏师沿着褒斜道威胁关中的郿县，赵云撤退时烧毁了栈道，后来曹真伐蜀，命张郃出褒斜道助攻，事先也修复了栈道，只是走到半路栈道又被大水冲毁。这三年里，诸葛亮命人再次修复了褒斜道的栈道。青龙元年（233）冬，蜀汉大军开始从汉中向褒斜道的斜谷口运粮，兵力、物资都陆续集结在斜谷口附近。青龙二年（234）二月，诸葛亮率领十万大军沿着斜谷水（又称武功水）北上，再次北伐关中，蜀军不久就抵达了郿县附近的渭南地区。

这次北伐行军路线跟司马懿的预判基本一致。早在三年前，司马懿就预言：“诸葛亮攻城屡屡受挫，下次北伐肯定不会再选择攻城了，而是寻求和魏军野战，他北伐的方向一定会选择关中地区，而不是陇右了。诸葛亮每次北伐都受制于粮食，所以回去肯定广积粮食，我估计他得攒上三年粮食才会出动。”司马懿不愧是谋士出身的统帅，可称神机妙算。

青龙元年（233）冬季，魏军就已发现蜀军搬运粮草物资的动向，随后立马报告了司马懿。司马懿立刻做出相应部署，雍凉地区的魏军开始往渭河北岸的郿县集结。魏明帝又派遣将军秦朗率步骑二万增援关中，这支部队也归司马懿指挥。

蜀军走出斜谷口向北进军时，魏军也已经在郿县集结完毕。此时，司马懿召集将领商议对敌策略，诸将都主张留在渭河北岸待敌，依托郿县城防抵御蜀军进攻。但是司马懿却力排众议，决定率主力渡过渭河，在渭水南岸背水扎营。司马懿一脸严肃地告诉大家："渭水南岸的土地肥沃，百姓众多，我们作为人民军队，有义务保护好人民群众的生命财产安全。"实际上，司马懿非要到渭水南岸扎营，是担心蜀军根本不来进攻郿县，而是分出一部分兵力沿着渭水向东进攻长安，那样司马懿就不得不将军队也调往长安，这样就又被蜀军牵着鼻子走了。让诸葛亮大军进入关中腹地可不是闹着玩的，万一诸葛亮在关中烧杀抢掠大搞破坏，那司马懿也担不起责任啊。而在渭河南岸扎营，就能够牵制住蜀军，蜀军如果向东进军，后路就会被魏军切断。

于是在蜀军到来前，司马懿率军抢先渡过渭水，在渭水以南、武功水以西的区域安营扎寨。而蜀军主力来到渭水南岸附近后，在武功水以西的一块名为五丈原的高地上驻扎下来。两军基本以武功水为界，魏军在东，蜀军在西，形成了对峙态势。

就在蜀汉大军刚刚到来的时候，司马懿再次召集诸将研判蜀军的下一步动向。雍州刺史郭淮提出，这次诸葛亮的目的不是长安，他的胃口没有那么大，还是要夺取陇右。只不过这次换套路了，诸葛亮下一步肯定要占据北原。北原位于渭水北岸，是陇山、秦岭和渭水的交汇处，位置十分险要。如果让蜀军得逞，那诸葛亮就可以切断关中通往陇右的道路，陇右处于被隔绝状态，民心动摇，保不齐就投降蜀汉了，因此魏军应该马上派兵去守卫北原。

不得不说，雍州刺史郭淮确实很有战略眼光，司马懿的注意力都在长安，根本没能洞察出诸葛亮的意图，在郭淮的提醒下，才如梦方醒。司马懿当即下令让郭淮火速率军赶往北原。魏军刚到北原东端的阳遂，还没来得及构筑好防御工事，蜀军就渡河而来，好在魏军已经抢先一步占领了有利地形，最终还是击退了蜀军的进攻。后来，诸葛亮想用声西击东的策略夺取北原，蜀军白天向西移动，假装要攻打北原西端的西围，夜里却突然回到东面袭击北原的东端阳遂，诸葛亮的这一策略早就被郭淮识破了，再加上司马懿又派遣胡遵带兵前来救援，蜀军还是未能夺取北原。

诸葛亮夺取北原失利后，命蜀军依托五丈原固守，等待机会。原来诸葛亮这次北伐并不是孤立的，蜀汉出兵之前就已经和吴国约定好了，双方一西一东共同出兵北伐。同年五月，东吴也开始出兵北伐了，吴国的北伐大军兵分三路，第一路是主攻部队，由孙权亲自带队，目标是夺取魏国的合肥新城；第二路由陆逊和诸葛瑾统领，他们带着一万多人进驻江夏、沔口，目标是襄阳；第三路由将军孙韶和张承统领，他们带着这路人马进驻淮地，目标是广陵和淮阴。此时魏军主力大部分都在关中，只要吴国北伐能在合肥或者襄阳取得突破，那关中的部分兵力可能就要被调往魏吴战场，诸葛亮击破司马懿大军的机会可能也就来了。

当时，负责曹魏东部战区（扬州）军事工作的是满宠，他在曹休病逝后接管了扬州的军事工作。这是个谨慎的将领，他为了抵消吴国的水军优势，甚至早就把巢湖边上的合肥旧城拆毁了，又在合肥旧城以北三十里修建了一座合肥新城。这次孙权大军来势汹汹，还真把满宠给吓住了，甚至上书请示魏明帝放弃合肥新城，退守寿春，要不是魏明帝严词拒绝，这次孙权真就实现“合肥梦”了。不过最终孙权还是让诸葛亮失望了，吴国三路大军北伐都没取得什么战果，满打满算坚持了两个月就退兵了。

在这期间，诸葛亮倒也真的没有干等孙权的佳音，魏蜀两军还是免不了相互接触的，双方爆发过许多次小的战斗。在诸葛亮给刘禅的工作汇报中，就提到了一次战斗：诸葛亮派遣孟琰率虎步兵渗透到武功水东岸，并在武功水东岸建立了一个桥头堡，不久因为雨季到来，武功水的水位快速上涨，切断了西岸的蜀汉主力和东岸的孟琰部的交通联络，司马懿见有机可乘，便派出骑兵万人来进攻孟琰部队的营地，还好武功水比较窄，诸葛亮一面命令蜀军工兵抓紧制作车桥，另一面派强弩兵在岸边隔着武功水射击魏军骑兵，变相救援孟琰，车桥很快建好了，魏军见此也就撤兵了。

据说在此期间，司马懿还曾派出部队偷袭蜀军的后方，取得了“斩五百余级，获生口千余，降者六百余人”的好成绩，但整体而言，魏蜀两军还是以对峙为主，谁也不肯主动进攻对方的阵地。诸葛亮屡屡向司马懿发起挑战，想要诱使其发起进攻，从而借助有利地形再来个防守反击，司马懿有了上次卤城大败的教训，自然不肯上当。其实与第四次北伐时卤城大战之前是非常相似的。

但是这次北伐和以往还有些不同，这次蜀军是早就做好了持久战的准备，在僵持对峙的局势之下，蜀军干脆利用渭南土地肥沃的优点开始屯田了，分派部队在五丈原附近的渭滨开荒种地。蜀军军纪严明，十分注意和当地群众搞好关系，蜀军士兵夹杂在当地居民中进行耕作，秋毫无犯，百姓倒也安居乐业。像这样的局面如果一直持续下去，让蜀军在渭南立住脚，那蜀国就有可能逐渐蚕食魏国的关中西部、渭水之南地区，这是魏国朝廷绝不允许的，到时候司马懿大军只能被迫进攻诸葛亮的主力阵地了。然而，到了七月底，吴国退兵的消息传来。这预示着魏国能够腾出手来，抽调大批部队前来关中增援。在这种情况下，诸葛亮很难保持优雅从容的翩翩风度了，开始焦虑起来，如果不想这次北伐再次失败，那诸葛亮就必须在曹魏的南线增援部队到来之前，击破司马懿大军。

为了让司马懿出战，诸葛亮派人给司马懿送去了妇人的服装，嘲笑司马懿像个娘儿们一样不敢出战，于是卤城之战前的剧情再次上演了。司马懿能忍，部下诸将可忍不了，纷纷要求出战。不过这次司马懿仿佛一休附体一般，想出了十分精妙的应对方法。司马懿假装怒不可遏，当场表示要手撕孔明，无奈出兵前皇帝曾秘密指示要严防死守，不得出战，但这次诸葛亮这样羞辱自己，是可忍孰不可忍，因此自己要上表天子，请求出战。

司马懿的请战书交上去不久，魏明帝的答复来了，六个字：坚决不许出战，魏明帝还专门派遣辛毗来监督节制司马懿，防止司马懿出战，就这样，司马懿和魏明帝给众将来了一出双簧，直接把诸葛亮的计谋给破解了。诸葛亮得到消息后，对诸将说：“司马懿这就是在演戏啊，将在外，君命有所不受，司马懿要是有把握战胜我，哪会千里请战呢？这分明就是怕我啊。”诸葛亮嘴是过瘾了，但内心肯定很崩溃，因为司马懿轻轻松松就化解了诸葛亮的绝招儿。而另一边的司马懿也在过嘴瘾呢，司马懿在给弟弟司马孚的回信中写道："诸葛亮志大才疏，眼高手低，脑筋又死板，只会纸上谈兵，不懂随机应变，虽然带着十万大军，但已经被困在我布的局里了，你看我怎么收拾他吧。"

虽然激将法没有奏效，但诸葛亮还是不死心，派遣使者以求战的名义到司马懿的大营中刺探虚实。没想到司马懿十分亲切和蔼地接见了使者，只字不提打仗的事，而是十分关切地询问了诸葛亮吃喝拉撒的情况，之后又关心起诸葛亮的日常工作情况，使者把诸葛亮夸成了劳模，司马懿当场表示了对诸葛亮的钦佩之情。

把使者送走后，司马懿又开始预言了，说："诸葛亮操这么多心，肯定活不长啦，咱们可以放宽心了。"果然又被司马懿说中了，诸葛亮多年来事无巨细地工作，积劳成疾，又因为北伐无果忧心忡忡，在当年八月，突然病死于五丈原的军营之中。

诸葛亮病逝后，蜀军秘不发丧，整军后撤。司马懿见蜀汉撤军，马上派兵追击，结果蜀军突然反击，司马懿以为这又是引诱自己进攻的把戏，就放弃追击了。随着诸葛亮的去世，蜀汉方面的这次北伐也结束了，蜀汉大军回军途中还发生了内讧，蜀汉军中最重要的将领魏延也死于这次内讧。诸葛亮和魏延是蜀汉集团两大柱石，在蜀汉的多次北伐中，诸葛亮以统帅之身总览全局，魏延以先锋之勇冲锋陷阵，二人的陨落预示着蜀汉集团不可避免地走向衰落。

诸葛亮死后，司马懿曾向朝廷提议，趁蜀汉政局不稳、人心浮动之际，大举伐蜀，但这个提议被魏明帝否决了。可能是因为之前曹真伐蜀的前车之鉴，魏明帝认为伐蜀的战争成本巨大，失败概率又很高，在曹魏集团内部的阻力巨大，而且在东吴方面还屡屡挑衅的背景下，伐蜀的时机也不成熟。司马懿的伐蜀提议被朝廷否决之后，曹魏西部战区就进入了一段相当长的平静期。

三、辽东割据的由来

大明崇祯元年（1628），刚刚肃清了阉党的崇祯皇帝决心要扫除外患，中兴社稷，于是重新起用大名鼎鼎的袁崇焕为蓟辽督师，全面负责平定辽东的女真势力。很快袁崇焕被召到北京述职，崇祯皇帝想听听这位辽东问题专家的平辽计划，袁崇焕拍着胸脯对崇祯皇帝说，只要皇上信任我，给我足够的权力，预计五年，我就能收服辽东。崇祯皇帝听完乐得差点蹦起来，而旁边的大臣听完惊得差点叫出来，趁着崇祯皇帝上厕所的工夫，给事中许誉卿问袁崇焕如何能做到五年平辽，袁崇焕说："我就是看皇上太辛苦太焦虑了，所以哄皇上开心一下。"这就是历史上著名的"平台召对"。一年多以后，辽东的女真杀到了北京城下，把北京城周围几乎霍霍了一个遍，让崇祯帝也大开眼界，见识到了女真的强悍。于是袁崇焕被下狱，第二年被凌迟处死。这个故事告诉我们，在皇帝面前吹牛虽然不用上税，但可能要命啊。

比崇祯还要早一千四百多年的三国时期，同样针对平定辽东的问题也有一次君臣对话，不过这次的主人公显然比袁崇焕靠谱得多，他对皇帝说我平定辽东只需要一年。他跟袁崇焕最大的区别是，他没吹牛，他真的做到了，这个牛人就是司马懿。

景初二年（238）正月，坐镇关中的司马懿被魏明帝曹叡召入京师洛阳，商讨如何解决辽东割据的问题。对曹叡而言，辽东割据问题是个真正的历史遗留问题，它起源于董卓专权乱政时期。当年董卓控制东汉朝廷后，关东地区很快就失控了，在关东十一路诸侯联合讨伐下，董卓带着东汉朝廷跑到了关中地区，于是关东地区就进入了军阀混战模式，按说这时候董卓在关东地区已经是臭名昭著了，可此时偏偏有两个幸运儿拿着董卓颁发的委任状，到关东地区成功当上了刺史和太守，这两个人就是刘表和公孙度。当然了，在董卓西迁长安以后，从董卓那儿拿到委任状的，不止他们两个，但只有他们两个成功让委任状变现了，所以才说他们是幸运儿。刘表就不提了，这里单说公孙度。其实公孙度也不是全靠运气，他也靠关系来着，公孙度靠着和董卓手下的非著名将领徐荣的裙带关系，拿到了担任辽东太守的委任状。插一句，这个徐荣就是那个在荥阳汴水旁，把曹操的初创公司打得破产的将领。公孙度揣着这张委任状，低调地穿过了反董势力的地盘，来到了辽东郡，成功当上了辽东郡太守。当然了，因为公孙度本身就是辽东郡举荐到朝廷的人才，又跟玄菟郡（辽东半岛上的另一个郡）前太守公孙域情同父子，因此可以推测，公孙度在辽东当地肯定也有着强大的人脉。此外，公孙度还曾担任过短时间的冀州刺史，冀州是东汉十三州中的一个大州，在这样一个大州当过刺史那也是很重要的一个履历。

公孙度是个狠人，当上辽东太守以后，实行恐怖政策，对那些不服他的家族，统统采取肉体消灭的方式清理干净。对外，公孙度又和周边的一些少数民族联姻结盟，共同打击外敌，势力逐渐扩大到朝鲜半岛北部。

辽东地区偏远，中原各大军阀忙于火并，也没空搭理公孙度，所以公孙度家族就这样控制了以襄平为中心的辽东地区，成为辽东割据势力。

曹操平定北方以后，辽东公孙家族主动进贡示好，把投奔辽东的袁熙、袁尚斩首，并将二人首级送给曹操。曹操见公孙家挺识时务，而且曹操主要心思也不在辽东，就默许了公孙家的割据，让辽东当了自己的藩属。

到了曹叡时代，公孙家跟曹家一样已经传到第三代继承人了，这时候的辽东之主是公孙渊，太和二年（228），他才从其叔叔公孙恭那里夺得了辽东之主的地位，并得到了曹魏官方的承认，魏明帝曹叡封其为扬烈将军、辽东太守。这时候的公孙渊应该还是个年轻人，其性格特点是：不知道天高地厚，缺少社会的毒打。

公孙渊这个家伙十分不安分，看着蜀汉和东吴都割据一方、称王称帝，十分羡慕，尤其是羡慕孙权，毕竟公孙渊和孙权一样都是野路子，称王称帝都缺乏法统依据，再加上辽东跟东吴可以通过海路沟通，因此公孙渊决心以孙权为榜样，重走一遍孙权的帝王路。

公孙渊先派人忽悠孙权说，要向孙权称臣，给孙权当藩属。孙权雄心勃勃，一直有着一统天下的梦想，而且孙权是野路子出身的皇帝，内心特别渴求天下人的认可，见公孙渊主动要给自己当藩属，认可自己为正统皇帝，当时就激动得热泪盈眶了，当即不顾群臣反对，派遣使臣张弥、徐晏携带金玉珠宝前往辽东，去册封公孙渊为燕王。

公孙渊本来只是撩拨一下孙权，为以后感情逐渐升温做铺垫，没想到孙权反应这么强烈，效率这么高，已经把彩礼送来了。公孙渊其实还没做好背叛曹魏的准备，现在就出轨孙权，怕是扛不住曹魏的暴打。但公孙渊舍不得孙权的金玉珠宝，于是公孙渊收下孙权的金玉珠宝后，就把孙权的使者杀了，杀完之后又用使者的人头到曹魏那儿邀功。魏明帝也很大度，为了留住公孙渊的心，加封公孙渊为大司马，并封乐浪公。就这样，司马懿求之不得的大司马之位被公孙渊给抢走了。乐浪公果然很浪，竟然怀疑来册封自己的曹魏使者团要刺杀自己，一度率领军队包围使团，险些酿成外交危机。

景初元年（237），曹魏将领毌丘俭调任幽州刺史，并兼任护乌桓校尉、度辽将军，还被授予了“假节”的权力，集幽州的军政大权于一身。毌丘俭奉魏明帝曹叡的旨意征召公孙渊入京述职，这明摆着是给公孙渊挖坑，公孙渊要是不去，那曹魏就有借口攻打辽东了。

公孙渊思来想去觉得还是不能去，见公孙渊拒绝了老大曹叡的征召，毌丘俭就亲自带人打上门了。公孙渊早有准备，防御很充分，毌丘俭被赶了回来。乐浪公公孙渊见此情形就禁不住又要浪了，赶紧又向孙权暗送秋波，想跟孙权玩个破镜重圆，再续前缘。上次孙权要封公孙渊为燕王，公孙渊没敢接受，此时公孙渊觉得跟曹魏已经翻脸，也就不再顾忌了，干脆自称燕王，一来表示和曹魏决裂之心，二来表示对东吴的称藩之意，三来满足一下自己称王的梦想。

四、一年平辽

公孙渊公开背叛曹魏，魏明帝自然不会善罢甘休。就是在这种背景下，魏明帝曹叡将司马懿召入京师，商讨平辽方略。君臣二人，上演了三国版的“平台召对”。曹叡亲切地对司马懿表示：“原本平辽这点事不想麻烦你，奈何毌丘俭不给力，还得你出马去平辽，你办事，我放心呐。对了，你不是一向神机妙算吗？你先预判一下公孙渊的招数吧。”

司马懿听完一脸高深地说：“公孙渊如果弃城逃走，是上计。如果他据守辽水抵御我军，是中计。如果仅死守襄平，那就是坐以待毙。”

曹叡听完迫不及待地问道：“那公孙渊到底会采用以上哪条计策？”司马懿一脸肯定地表示：“公孙渊这种人，没有自知之明，肯定想学我耗走诸葛亮这着儿，幻想着把我军耗走，所以一定会先在辽水设防后死守襄平。”

曹叡又问：“那何时能平定辽东归来？”

司马懿满脸自信地表示：“往百日，攻百日，还百日，以六十日为休息，如此，一年足矣。”

景初二年（238）正月，司马懿率领牛金、胡遵等步骑兵四万从京城洛阳出征。司马懿还顺便路过了一下老家温县，体验了一把衣锦还乡的感觉才直奔辽东。

司马懿在经过幽州的时候，与毌丘俭兵合一处，经孤竹，越碣石，向辽东进发。在当年六月，司马懿大军抵达辽水西岸。公孙渊早已得知司马懿要带兵平辽的消息，也预感到这次凶多吉少，因此他一面派人向孙权求援，另一面派遣大将卑衍率领数万步骑兵来到辽水东岸的辽隧防守。

公孙渊方面在河畔修筑起了长达二十余里的围垫，防止魏军过河。司马懿则玩了一招声东击西，命毌丘俭南下到辽河下游布疑兵，吸引走了敌军主力，而司马懿则趁机率魏军主力北上前往辽河上游渡河。

司马懿大军到达辽河对岸后，立即掉头南下，直逼敌军的辽隧大营。敌军主力连忙又从下游北上救援。哪知司马懿并没有立马强攻辽隧，而是命人在敌军的辽隧大营前构筑工事，看似是要围攻辽隧大营，实际上这又是一招声东击西。敌军被麻痹之后，司马懿突然率军直奔辽东的政治中心襄平城，那里是公孙渊的老巢。辽隧大营的敌军见司马懿直扑襄平，立马慌了，连忙去截击司马懿的大军，这正中了司马懿的圈套。司马懿知道敌军的辽隧大营坚营高垒，短时间难以攻克，强攻辽隧大营，那就正中公孙渊的下怀。而司马懿直扑襄平，就可以把辽隧的敌军引出来。公孙渊的军队出了辽隧大营和魏军野战，自然不是魏军的对手，魏军在野战中大败敌军。卑衍率领败军退守襄平，司马懿则立刻下令沿着襄平城外圈掘战壕、挖深沟，构筑围城工事，意在把襄平变成一座无法逃脱的孤岛。

就在司马懿大军在襄平城外大搞施工的时候，雨季到来了，持续的降雨导致城外积水严重，甚至部分地段可以通船了，这让司马懿的军队产生了恐慌，将士们纷纷打算暂停施工，先把自己的营房移到高地上避水，司马懿坚决不许，命令大军继续按计划施工，尽快完成孤岛围城计划。为了严肃军纪，司马懿处决了擅自移营的都督令史张静，这下大家都老老实实地搞施工去了。

魏军中的军司马陈圭实在是太想结束这种生活了，于是壮着胆子来问司马懿："当年我们讨伐孟达的时候攻打上庸城，是日夜不停地进攻，所以才能快速破城并斩杀孟达。现如今我们远道而来，却把主要精力放在构筑围城工事上，攻城如此缓慢，我想不通啊。"

司马懿一脸轻蔑地说："你懂不懂什么叫因地制宜？当年孟达兵少粮多，他的粮食够吃一年的，而我们兵多粮少，粮食都不够一个月的，我们要是不速攻就得退兵了，所以就得不计伤亡地进攻，那是在和粮食赛跑。现在襄平的敌军数量比我们还多，但敌军粮少而我军粮多。现在正值大雨，攻城也不方便，想速战也不可能。我这次来平辽，不怕敌人的进攻，就怕敌人跑路。现在敌人兵粮见底，而我们的围城工事还没完成，如果此时把敌人逼得太紧，那他们肯定要跑路了。我们现在得给他们点希望，才能稳住他们。放长线钓大鱼，你懂不懂？”陈圭听完不再抱有幻想了，也老老实实地干活去了。

就在司马懿大军构筑围城工事的时候，朝中的有些大臣又来扯后腿了，强烈建议魏明帝下诏撤军。但这回曹叡表现得很坚决，明确表示会支持司马懿坚持到底。降雨期结束的时候，司马懿也终于完成了围城工事，于是魏军立马开始攻城了。魏军这些天受了很多罪，憋了一肚子的气，这下全撒在了襄平城上。他们采取堆土山、挖地道等方式，辅助箭矢强力进攻，日夜不停地攻城。这时候城内的粮食也已经耗尽，公孙渊也慌了，便派遣使者去谈投降条件，结果司马懿根本不给他机会，司马懿明确表示："你这时候来谈条件已经晚了，你已经没有讨价还价的资格了，只有无条件投降这一条路了。"

不久襄平城就被魏军攻破了，公孙渊带领数百骑兵突围而出，结果还没跑远就被司马懿派出的追兵斩杀了。司马懿进入襄平城后，为了立威，下令将公孙渊任命的所有文武官员及城内十五岁以上的男子全部诛杀，并将万余具尸体收集起来，铸造了一座"京观"。

公孙渊一死，辽东地区传檄而定，辽东各地的百姓共计四万余户被收编。接下来，司马懿又开始布施恩德。公孙渊反叛时，大臣伦直和贾范曾因直言劝阻被杀害，司马懿修缮了他们的坟墓，表彰了他们的子孙，还释放了被公孙渊囚禁的公孙恭。对辽东的百姓也很宽容，下令不管继续留在辽东还是返回中原都可以自由决定。司马懿恩威并施，很快就稳定了辽东的局势。

这期间还有一个小插曲。司马懿打下襄平城后不久，冬季就来临了，当地天气特别寒冷，有不少魏军没有棉衣，冻得瑟瑟发抖，就要求司马懿发放棉衣。结果司马懿表示，棉衣属于国家的重要物资，我是无权发放的，得请示皇帝。司马懿的这一举动透露出了司马懿和魏明帝之间的微妙关系，君臣二人的关系表面上十分和谐，实际上魏明帝对手握兵权的司马懿一直心存戒备，司马懿也心知肚明，所以才不惜得罪魏军士卒来让皇帝安心。

第九章 权臣之路

一、魏明帝的心思

把时间拨回到青龙三年（235）正月，也就是在诸葛亮病逝五个月后，魏明帝宣布晋升司马懿为太尉。司马懿从大将军变成了太尉，实际上这也很难说是晋升。太尉虽然是三公之首，但在东汉中期以后，大将军的地位是在三公之上的。比如东汉末年曹操迎奉汉献帝以后，有了“挟天子以令诸侯”的权力，不免有些膨胀了，就让汉献帝封自己为大将军，封袁绍为太尉。听到这个消息，袁绍当时气得火冒三丈了，因为袁绍的实力、名望、家世和资历怎么算都比曹操强，况且曹操当年二次创业都是靠袁绍帮扶的，现在要袁绍的官职排在曹操后面，简直是奇耻大辱。袁绍拒不奉诏，最后曹操只好把大将军之位让给袁绍了。这一事件充分说明在东汉末年的太尉是难以和大将军媲美的。

魏国建立之后，最初的几任太尉是由贾诩、钟繇、华歆等老一代政治家担任的，这几位政治大佬德高望重，曹丕当太子的时候恐怕都得管这几位叫叔叔，这就无形中拔高了太尉的地位，而大将军的地位却在魏国下降了。因为大将军上面还有大司马这个职位，而且魏国初期大将军基本只负责军事了，不像东汉那样军政一把抓了。此消彼长，大将军和太尉二者谁高谁低，这就很难说了。司马懿的上一任太尉华歆是在太和五年十二月（232 年年初）去世的，华歆去世以后，太尉应该是空缺了。青龙二年（234），大将军司马懿挫败了诸葛亮的第五次北伐，此时曹魏的大司马空缺，按照以前曹真由大将军晋升大司马的先例，司马懿应该在不久之后晋升为大司马，而不是“晋升”为太尉，大司马显然是高于太尉的。

在东汉末年时，董卓为了拉拢关东士族，就把当时的太尉兼幽州牧刘虞晋升为大司马，而魏国时期，大司马是三公之上的上公，比如魏明帝临终前，命曹爽和司马懿共同辅政，将曹爽升任为大将军，司马懿还是太尉。小皇帝曹芳继位后，曹爽为了表示对老同志的尊重，就提议给司马懿升一下官，曹爽建议晋升司马懿为大司马，可见大司马肯定是高于太尉的。

魏明帝给司马懿这样的安排，明摆着就是不想让司马懿的地位再进一步提高了，此时四大辅政重臣只剩下司马懿和陈群了。司马懿是太尉，陈群是司空，“太尉”虽然是三公之首，但说到底，二人仍然是平级的，都是“三公级”。而大司马则是三公之上的“上公级”，如果晋升司马懿做大司马，则会打破这种政治平衡，出现司马懿一家独大的局面，从而有威胁皇权的可能，这是魏明帝不愿意看到的，所以魏明帝到死都没有再晋升司马懿的官职。

司马懿“升任”太尉后，职权也没变，仍然是负责西部战区的军事工作。诸葛亮去世以后，坐镇关中的司马懿有了一种高枕无忧的感觉，除了教训一下偶尔来边境上骚扰的“小鱼小虾”，司马懿也没遇到什么大的战事。

同时魏明帝似乎也丧失了进取心，伐蜀的经济成本太大，朝中的政治大臣们大都激烈反对；而伐吴呢，因为曹魏水军的短板，似乎也很难看到前途。于是既不能伐蜀又不能伐吴的魏明帝开始了伐木，伐木当然是为了大建宫殿，魏明帝走上了大搞皇家基建的道路。

魏明帝先后在洛阳、许昌、邺城这三大都城大兴土木，广造宫舍，据说当时工程量十分浩大，征发服劳役的农民过多，以至于都耽误了国家的农业生产，群臣劝谏似乎也没什么效果。魏明帝好像刘皇叔附体了一般，整天嚷嚷着：“打了一辈子仗，就不能享受享受吗？”

其实魏明帝后期之所以大兴土木、营建宫舍，某种程度上是在变相加强皇权。毕竟，除了战争之外，恐怕就只有大兴土木能充分调动各项社会资源了。营造宫舍属于皇家工程，都是以君主和宫廷力量为主导，皇帝可以在这个过程中充分调动各项社会资源，以加强君主集权。

青龙四年十二月（237 年年初），司空陈群去世了；大约七个月后，司徒陈矫也去世了。陈群不用说了，有着和司马懿分庭抗礼的实力，相比陈群，陈矫其实也不遑多让。在曹丕时代，陈矫接替陈群担任了尚书令，成为曹魏中枢机关尚书台的一把手，他一干就是多年，到曹叡继位，陈矫依然是尚书令。陈矫在主管尚书台期间，大权独揽，不允许任何人插手。据说，某一天，魏明帝曹叡想去尚书台检查一下具体工作，刚走到尚书台大门口就让陈矫撵了回去。陈矫理直气壮地说："陛下，您这是什么意思啊？您是怀疑我的工作能力还是不信我的人品啊？您这么做，我感觉受到了深深的侮辱，今天要么您开除我，要么您打道回府吧。"听陈矫说完后，魏明帝一脸惭愧地打道回府了。后来，陈矫又升任为三公之一的司徒，和司马懿并排坐到了帝国权力场的最前排，并且魏明帝曾经想把司马懿再调回朝廷中枢，帮着自己打理朝政，结果被陈矫否决了。

从很多历史的细节中，我们可以看出曹魏的皇帝似乎也没什么了不起的，跟我们印象中一言九鼎的九五至尊形象似乎差距有点大，曹魏政坛的很多重臣经常不给皇帝留面子，当众把皇帝撵得哑口无言。面对那些如狼似虎的大臣，皇帝常常也只能忍气吞声。别看这些人经常不给皇帝留面子，可他们中绝大多数还始终在权力场的前排就座。对比一下西汉时期的三公九卿们，善终的都极少，常常因为说错一句话就丢了脑袋。三国两晋时期，虽然皇帝换得很频繁，改朝换代也不鲜见，但豪门贵族势力似乎像铁打的一样稳固。总之，在豪门贵族势力日益庞大的时代，皇权变得不那么神圣不可侵犯了，天下不再是一姓之天下，而是逐渐变成了豪门贵族和皇帝共同掌管的天下了，而能代表豪门贵族共同利益的人也就有了改朝换代的机会。

陈群、陈矫和司马懿是同一辈人，经历也有颇多相似之处，他们都在曹丕时代做过尚书台主要领导，又都在曹叡时代做到了三公，陈群、陈矫的去世成就了司马懿在曹魏政坛无人可比的超然地位，司马懿也成为曹魏豪门士族里无可争议的话事人了。换句话说，司马懿成为离皇位最近的权臣了，魏明帝对司马懿有所猜忌也是情理之中的事情。

二、魏明帝托孤

景初二年冬（238 年年底），魏明帝曹叡突然得了重病，很快就一病不起。此时曹叡还不到 36 岁，本来正是春秋鼎盛之时，继承人也没来得及培养。魏明帝前后有过三个儿子，但都没能到成年就夭折了，后来曹叡从宗室子弟里挑选了两个孩子收为养子，也就是曹询和曹芳。曹询身体也一直不好，所以魏明帝临终前确立继承人，只有曹芳这一个选项了。此时曹芳还是个 8 岁的孩子，完全没有处理朝政的能力，于是魏明帝只能学老爹曹丕托孤了。

魏明帝看着 8 岁的曹芳，想到那些如狼似虎的权臣们，心里有一种说不出的恐惧。自己活着，那些人尚且是一副牛气冲天的样子；自己死后，谁又会把小皇帝当回事呢？自古以来，每当小皇帝继位的时候，都是皇权最为衰弱的时候，此时能拱卫皇权的无非就是宗室、宦官、外戚三大势力，很遗憾这三大势力在曹魏都很虚弱。

这三大势力中宦官最可靠，不过宦官专权的副作用也很明显，社会上的普遍舆论都说了，前朝东汉就是亡于宦官专政，从曹魏建立那天起直到曹魏灭亡，宦官从来都没成过气候。

魏朝开国皇帝曹丕曾昭告天下“宦人为官者，不得过诸署令”，意思是宦官在内朝只能当底层干部，打打杂跑跑腿，不能重用提拔。曹丕还命人把这项诏书制成金策，收藏在石室，让这一规定恒久远、永流传。而曹魏的外戚势力比宦官也强不到哪儿去，因为当时的社会舆论也说了，前朝东汉的灭亡，外戚是仅次于宦官的第二大凶手。在更早以前的西汉，外戚则成了王朝覆灭的第一大凶手，曹操、曹丕、曹叡曹魏三代君主都选择了寒族出身的女子作为后宫之主，就是为了防止外戚势力做大。曹丕又诏告天下：妇人不得干涉政事，群臣不得奏事太后，后族之家不得当辅政之人，于是外戚在曹魏只能夹着尾巴做人了。那最后只剩下宗室了，在残酷的夺储斗争中胜出的曹丕，对近亲宗室非常不信任，像防贼一样防着这些近亲，曹魏的诸侯王们在封地受到严格监视，形同政治犯，于是曹魏的皇权只能靠远亲宗室来拱卫了，也就是所谓的"诸夏侯曹"。

问题是，到了曹叡时期，这些远亲宗室逐渐人才凋零，在曹休、曹真死后，远亲宗室中已经没有能够挑大梁的人物了。在这种情况下，魏明帝只能不断地加强自己的秘书班子中书省的权力，来分散豪门士族的权力。在魏明帝的扶持下，中书令孙资和中书监刘放这两个品级不高的小官一度就成了朝中炙手可热的人物了，虽无宰相之名，却有宰相之权。

魏明帝突发重病，奄奄一息的时候，发现自己一旦去世，靠虚弱的秘书班子和虚弱的远亲宗室，恐怕是无法有效地维护皇权啊，于是曹叡开始拼命补救，先是废掉了寒族出身的毛皇后，册立了豪族出身的郭氏为皇后，以增强外戚的实力。同时又亲自拟定了一份辅政大臣名单，清一色都是宗室成员。让燕王曹宇领衔，与夏侯献、曹爽、曹肇、秦朗共同辅政。燕王曹宇是近亲宗室，其他四人则都是远亲宗室，其中这个秦朗是曹操的继子，也算远亲宗室。很明显，曹叡这是要让近亲宗室和远亲宗室共同辅政，来增强曹魏宗室的力量。

曹叡的秘书孙资、刘放看到这个名单，吓得差点蹦起来，连忙扣下名单不发。这份辅政名单把豪门士族完全排除在外，说得简单点，这是孤立皇室，说得严重点，这就叫自绝于人民啊，这不是逼着各大豪门士族联合起来反对曹魏皇室吗？8岁小皇帝接班的时候，正是曹魏皇权极为脆弱的时刻，这时候引发豪门士族的集体反对，那曹魏皇权随时都有翻船的危险。

学过近现代史的都知道，清朝末年搞预备立宪的时候，清政府就炮制了一个皇族内阁，把汉族官僚完全排除在外，当时就引发了各地汉族官僚实力派的群体反对，清政府不久也关门倒闭了。

古今道理都一样，曹叡拟定的这份名单一旦对外公布，那孙资、刘放二人，恐怕首先就得被豪门士族们扣上伪造遗诏的罪名，带着全家人走上刑场了。于是孙资、刘放晓之以理、动之以情地劝说魏明帝千万不要做傻事，燕王曹宇则吓得根本不敢接受这个任命。最后魏明帝也终于认清现实，将辅政大臣改成了曹爽和司马懿。曹爽是曹真的儿子，代表宗室；司马懿是豪门士族里的地位超然的首席权臣，二人共同辅政，算是兼顾了各方利益。所以不是曹叡不想把司马懿排除在辅政大臣之外，而是他根本做不到。

景初三年（239）正月初一，司马懿被紧急召回了洛阳，仅剩一口气的曹叡在病榻上拉着司马懿的手，目视着太子曹芳，饱含深情地对司马懿说："我把后世就托付给你了，我强撑着最后一口气，就是为了跟你见一面，现在见到你，死而无憾了。"随后又让 8 岁的儿子曹芳抱住司马懿的脖子，然后说道："我就把你托付给这个爷爷了，你要像对待我一样对他。"司马懿也是无比真挚地表达了辅佐幼主的忠心，当天魏明帝就去世了。魏明帝托孤这一幕仿佛是白帝城托孤的翻版，问题是，就算曹叡的演技再高，终究也不是刘玄德。曹叡最开始根本没想把司马懿列入托孤名单，最后迫于现实才托孤给司马懿，况且还安排了一个曹爽来制约司马懿。司马懿也心知肚明，知道自己终究成不了诸葛亮。

三、曹爽的失败根源

魏明帝病重的时候，把曹爽越级提拔为了大将军，让他和司马懿共同辅政，曹爽之前的职务是武卫将军，武卫将军属于禁军系统，其直属领导是领军将军。曹爽从武卫将军一跃成为辅政的大将军，还排在太尉司马懿前面，其蹿升速度之快在曹魏历史上也是空前绝后的。

曹爽最初执政的时候，头脑还算清醒，知道要放低姿态，充分尊重各大豪门士族的利益。因此小皇帝曹芳刚一继位，曹爽就提议让司马懿由太尉晋升为大司马，据说群臣认为前几任大司马上任不久就去世了，不太吉利，于是就改成晋升太傅了，实际上应该还是曹爽的意见。大司马毕竟是个务实的官，而太傅更多的是务虚，但无论大司马还是太傅都是三公之上的上公，从地位上来说都是高于大将军的，司马懿又被授予入朝不趋、赞拜不名、剑履上殿的特权，可以说是荣宠至极了。曹爽又提议让自己的老领导领军将军蒋济接替司马懿担任太尉一职。这对蒋济而言，属于破格越级晋升，虽说领军将军是禁军一把手，握有禁军的实权，但从地位上来说，跟三公之首的太尉还是差远了。而司马懿混了多少年才当上太尉的，想想同样做过禁军一把手的陈群，到死也还是三公中分量最轻的司空，蒋济的火箭蹿升实际上是曹爽代表的宗室力量和司马懿代表的士族力量达成的一个政治交易，让蒋济交出禁军领导权的条件就是获得太尉一职，否则从领军将军直升太尉，在曹魏也是没有先例的。

蒋济升任太尉后，曹爽的二弟曹羲接管了禁军，担任中领军。另外曹爽的表弟夏侯玄出任禁军的二把手中护军，在小皇帝继位的情况下，由宗室掌握禁军也是合情合理的，这也无可厚非。

无论如何，在这个过程中，曹爽可以说谦恭有礼、高风亮节，最大限度地表达了对老同志、老领导的尊重。在日常工作中，曹爽也很低调，凡事也都与司马懿商议，不敢独断专行，可以说曹爽执政初期，和司马懿的关系还是比较融洽的。当然了，这主要是因为曹爽崛起得太快了，其根基很浅，刚开始执政时不具备独断专行的实力，所以曹爽在执政之初才保持低调。

曹爽站稳脚跟以后，在亲信的鼓动下，渐渐把持了朝政。曹爽代表的是曹魏皇室，单独面对司马懿，其实是有压倒性优势的。因为司马懿虽然是豪门上族首席权臣，但豪门士族也不是铁板一块，相互之间也有牵制和制衡，曹丕、曹叡都是充分利用了这种制衡巩固皇权的，即便是司马懿也不是皇室的对手。所以曹爽站稳脚跟之后，司马懿很快就落于下风，朝廷的大事基本都是曹爽说了算。曹爽把自己的亲信安排进尚书台，把持了尚书台的工作，尚书台渐渐地变成曹爽的一亩三分地了。曹爽又把自己的大批亲信都提拔到朝廷其他的重要岗位上。表面上看曹爽已经权倾朝野了，可为什么曹爽在执政的第十个年头，突然就被司马懿打得万劫不复了呢？其实只要看看曹爽在这十年间的所作所为就不言自明了。

曹爽执政后，做的第一件事就是把大批亲信提拔到朝廷的各个重要岗位上，这些亲信原来基本上都是坐冷板凳的，蛋糕就这么大，曹爽提拔任用大批亲信，自然是要大肆排挤其他人的，这就得罪了很多豪门士族。不过并不足以让曹爽成为豪门士族的公敌，接下来曹爽做的事，才是真正要命的。

曹爽从普通宗室变成皇室代言人之后，也深切感受到了豪门士族势力的威胁，他和亲信们思来想去，想到了一条从根本上削弱豪门士族集团的妙计，那就是来一场制度改革。改革主要有两项内容，第一是改革九品中正制，主旨就是把选拔任用官吏的权力收归尚书台，削弱各地豪门士族对选拔官吏的影响。第二是精简地方机构，行政区由州、郡、县三级改为州、县两级，裁减了大批官吏。对豪门士族来说，这两条都很要命。问题是曹爽太高估自己的实力了，这种改革别说是曹爽了，就算是曹丕、曹叡这么玩，都有翻船的风险。此外，曹爽见司马懿军功赫赫，也想通过战争加强自己的威信。这本来也可以理解，不过，柿子应该挑软的捏，可曹爽非要去啃硬骨头，毫无战争经验的曹爽贸然发动了伐蜀的战争，结果比他爹曹真更惨，灰头土脸地被蜀军打了回来，魏军损失惨重。曹爽不但没能立威，还颜面扫地，反倒更加衬托了司马懿的战神形象。

就在曹爽覆灭的一年多以前，曹爽把郭太后单独迁到永宁宫，隔绝郭太后和外界的联系，这严重刺激了豪门士族集团的神经。本来郭太后才是小皇帝曹芳名正言顺的监护人，只是因为曹魏的祖制限制了太后掌权，但无论如何，郭太后高高在上的地位是无人可比的。曹爽为什么这么做，应该也能猜到，曹爽及其亲信主导的制度改革严重触犯了豪门士族集团的利益，应该是有不少大臣通过各种方式向郭太后控诉，试图通过郭太后给曹爽施压。豪门士族集团把太后当成制衡曹爽最重要的一张牌，事实上豪门士族最后打倒曹爽用的就是太后的名义。曹爽变相囚禁太后，等于是打破了曹魏政局的平衡，这触动了豪门士族集团的底线，也堵死了用和平手段让曹爽妥协让步的可能。曹爽连太后都敢动，豪门士族哪还有安全感可言呢？

而司马懿这十年干了什么呢？司马懿亲自出征和东吴打了两场规模不大的仗，还都是在前五年，在夏侯玄出任曹魏西部战区统帅后，司马懿安排自己的长子司马师接替夏侯玄出任禁军二把手中护军，这应该也是和曹爽的政治交易。除此之外，司马懿几乎什么都没干，尤其是在曹爽变相囚禁了郭太后以后，司马懿感觉曹爽已经有点丧心病狂了，为了自保，他干脆称病不出了，也不参与朝政了。这样看来，司马懿仿佛是“躺赢”了曹爽。

正是曹爽的各种急功近利的做法，才把各大豪门士族都推到了自己的对立面，变相孤立了曹魏宗室。最初司马懿应该也是不愿意和曹爽撕破脸的，毕竟曹爽代表的是曹魏宗室，想和平地把曹爽清理出局几乎是不可能的，而发动政变是要拿全家人的脑袋做赌注的。开始时司马懿的实力并不足以和曹魏宗室相抗衡，而曹爽的所作所为使豪门士族逐渐都站到了司马懿的背后，大家在后面一个劲儿地给司马懿鼓劲。到后来，司马懿在赌桌上的筹码已经远远大于曹爽了，大家一再把司马懿往前推，司马懿也已经没有退路了，这种情况下，司马懿就是不想政变也不可能了。

四、高平陵之变

正始十年（249）正月，曹爽兄弟几人一同跟随皇帝曹芳离开洛阳前往远郊的高平陵祭拜魏明帝。此前曹爽兄弟几人也经常一同出城游玩，大司农桓范曾经提醒过曹爽，大意就是，你们兄弟不能同时出城，总要留个守家看门的，否则有人趁你们都出去了搞政变，你们就立马失去对朝政的掌控了。

曹爽觉得自己的权力很稳固，根本不听。结果这回曹爽等人前脚刚走，太傅司马懿就趁机带领私人武装闯入永宁宫，解救出郭太后。有了郭太后这张牌，再收拾曹爽就名正言顺了。

司马懿父子联合太尉蒋济、司徒高柔、太仆王观等一众权臣，打着太后的旗号发动了政变。司马懿拿着太后的诏书接管了禁军，司马懿长子司马师本就是禁军二把手，在这个过程中应该起到了关键的作用。不过司马懿为了孤立曹爽，团结一切可以团结的力量，让太仆王观代理了禁军一把手的职位，统摄曹羲军营；而司徒高柔被司马懿安排为代理大将军，管领曹爽的直属军营。接管了洛阳的军队以后，司马懿马上派兵封锁了洛阳城，并亲自和太尉蒋济一起率兵出城驻扎，堵住了城外洛水的浮桥，这是曹爽返回洛阳的必经之地。完成了这些工作以后，司马懿以向天子上表陈述曹爽罪过的方式，通知了曹爽，这等于是讨伐曹爽的檄文。

曹爽接到消息顿时慌得六神无主了，本以为自己的权力稳如磐石，可自己前脚刚离开洛阳城，后脚洛阳就变天了。曹爽兄弟跟随皇帝出行只带了一些卫队，人数不多，听说司马懿政变的消息后，曹爽便征发了附近屯田的数千预备役军人以壮胆，不过预备役军人没什么战斗力，就是充个数。说白了，曹爽此时手中除了还没有亲政的皇帝，并没有什么筹码。

正在曹爽不知所措的时候，大司农桓范从洛阳城跑了出来站队曹爽。桓范建议曹爽带上皇帝曹芳前往许昌，另立中央，征召全国各地兵马，和司马懿对抗到底；又向曹爽担保说，自己带着大司农的印信，可以征调全国的粮草，保证不会缺粮。曹爽心里没底，不敢贸然行事，就先派遣侍中许允、尚书陈泰去洛阳见司马懿，探听动静。

这两位使者很快就回来了，不过带回一个好消息和一个坏消息。坏消息是，朝廷大臣几乎尽数都站在了司马懿那边，少数没有站队的也是在看热闹；好消息是，司马懿承诺只要曹爽投降，不但可以免死，还可保曹爽富贵终生，只是剥夺曹爽的权力而已。接着，司马懿又把曹爽在城内的一个亲信尹大目派出来，加大劝说力度。同时，太尉蒋济也给曹爽来信了，蒋济称司马懿只是单纯地想将曹爽等人免官，并不想赶尽杀绝，尽早投降还可以保留爵位。此时曹爽孤立无援，已经丧失了抵抗意志，有了投降的心思，但又担心司马懿说话不算数。

曹爽身边的亲信此时大多沉默不语，只有桓范等少数人一直劝说曹爽对抗到底，这样拖了一个晚上。第二天上午，曹爽投降的决心已定，带着皇帝来到洛水，向司马懿公开认罪投降了。可以说，司马懿发动政变后，用了很短的时间就迫使曹爽投降了。不过司马懿并没有遵守诺言，不久之后就以谋反的罪名将曹爽三族全部诛杀了，曹爽兄弟就这样悲惨地退出了曹魏的政治舞台。

很多人都为曹爽没有听从桓范的劝告而感到惋惜，其实曹爽就是听了桓范的建议，也很难改变被杀的结局。曹爽手里除了一个空头皇帝，几乎没有任何筹码。如果桓范是带着军队前来的，那曹爽可能还有点信心，可桓范要投奔曹爽的时候，基本是个光杆司令，桓范的下属还都劝他不要做傻事，没有一个下属跟桓范走，大家都不看好曹爽，这种情况下，叫曹爽怎么能有信心呢？至于桓范说他带着大司农的印信就能征调全国的粮食，这不是在开玩笑吗？照这么说，汉献帝有玉玺在手，早就能把曹操打翻在地了。其实印信这东西，中央政府下一个通知就作废了。曹爽距离司马懿的城外大军只有几十里，曹爽真要带着皇帝逃往许昌，司马懿派出轻骑，很快就能追上。就算曹爽侥幸带着皇帝逃到许昌，也难以有什么作为了，他已经是豪门士族的公敌了，根本没什么号召力，最后还是死路一条。

五、嗜血的晚年

司马懿在清算曹爽兄弟的时候，大搞株连，不但诛灭了曹爽兄弟的三族，更是把曹爽的亲信也一并诛灭三族，据说一共处死了七千多人，曹爽的势力被清除殆尽。曹魏宗室的代表曹爽及其亲信党羽被清理出局后，曹魏王朝其实已经名存实亡了。因为此时皇帝曹芳还没有亲政，宦官、外戚势力也不成气候，宗室代言人曹爽就相当于皇帝的监护人。换句话说，曹魏皇权就是由曹爽代为行使的，曹爽兄弟及其亲信被全盘清理了，那曹魏皇权就崩塌了，皇帝曹芳就再也没有掌握权力的机会了。这跟东汉末年的情况有点类似，外戚集团的老大何进被宦官诱杀了，以袁绍为首的豪门士族又清理了宦官，顺便把外戚集团的二号人物何苗也清理了，此时无论有没有董卓进京，东汉的小皇帝都难逃傀儡的命运了。

曹魏宗室出局后，曹魏的皇权自然就被司马懿等一众大佬瓜分了，但没了曹爽这个共同的敌人，豪门士族集团内部很快就产生了矛盾斗争。曹魏宗室出局后，司马懿当然是最大的受益者，成为曹魏帝国大权独揽的执政官，但豪门士族中也不乏挑战司马家族地位的人，这些人虽然打着尊崇曹魏皇室的旗号，但实质上，还是在和司马懿家族争夺权力。

很多士族对司马懿的独断专行十分不满。比如司马懿的亲密战友太尉蒋济，在司马懿诛灭曹爽等人的三族之后，常常一副自责的样子，也不接受司马懿的论功行赏，这就是表达对司马懿独断专行的不满，不过蒋济很快就因病去世了。而另一位大臣王凌则暗中筹划拥立楚王曹彪做皇帝，要和司马懿争夺曹魏的控制权。王凌资历也很老，他甚至比司马懿还要年长几岁，只不过升官速度比司马懿慢很多。他长期在曹魏东部战区工作，做过多年的东部战区统帅。正始九年（248），也就是曹爽倒台前几个月，王凌升任为司空。司马懿清理了曹爽后，为了笼络王凌，让王凌接了蒋济的班，出任太尉。这样，王凌跨过司徒高柔，从司空直接晋升为太尉。王凌似乎没来中央政府任职，而是还一直待在东部战区的大本营寿春，继续负责扬州的军事工作，高平陵之变中也没有王凌出现的记录。

王凌担任太尉后，见司马懿大权独揽，心生不满，就起了异心。王凌和外甥兖州刺史令狐愚谋划拥立楚王曹彪为帝，当然了，这应该也不是王凌对曹魏有多忠心，只是打着忠于曹魏的旗号，挑战司马懿家族的地位。王凌在东部战区有着极高的威望和影响，这也是王凌敢于挑战司马懿的底气。不过，令狐愚突然在嘉平元年（249）十一月去世了，他的亲信便暗中告发了这件事。因为令狐愚已经去世，这个谋划没有实质行动，也没有王凌谋反的直接证据，司马懿也不好动王凌，以免引起其他豪门士族的集体恐慌。司马懿不动声色，只是对王凌保持戒备。直到一年多以后，东吴在淮南边境挑衅，王凌趁机请求调兵的符节，以便起事。司马懿对王凌早有戒备，当即拒绝了王凌的请求。没有符节，王凌就无法调动东部战区的主力军队。王凌苦于兵力不足，又着急起事，就派心腹杨弘联络兖州刺史黄华共图大事，黄华和杨弘竟然联名向司马懿告发了王凌，司马懿这才掌握了王凌谋反的确凿证据。不过此时司马懿的身体已经一天不如一天了，可他仍然对其他人不放心，打算亲自出马收拾王凌。

为了稳住王凌，司马懿让朝廷专门下了一道赦免书给王凌，宣布赦免王凌的罪行，同时司马懿拖着病体亲率大军从水路紧急南下讨伐王凌。司马懿大军突然出现在寿春附近，打了王凌一个措手不及，王凌被迫出城投降，在被押解回洛阳途中，王凌被逼服毒自尽了。然而司马懿并不肯就此善罢甘休，再次大搞株连，将参与王凌图谋的人一律诛灭三族，据说共计杀害了三千多人。这不算完，司马懿又派人挖开王凌和令狐愚的坟墓，暴尸三天，以儆效尤。

镇压完王凌，轮到曹魏地方宗室诸侯了。司马懿先逼迫楚王曹彪自尽，又趁机将曹魏各地的宗室王公全部拘禁，迁移到邺城，命专人监视看管。曹魏的宗室势力从此被一网打尽，都成了京城的高级囚徒。

收拾完王凌和曹魏宗室，司马懿也走到了生命的尽头。据说司马懿临终前常常梦到王凌等人来找他索命，果然不久就去世了。嘉平三年八月戊寅（251年9月7日），司马懿在洛阳去世，享年73岁，这时距离王凌自尽也不过3个月。

高平陵之变后到司马懿去世前这三年多的时间里，皇帝曹芳几次下诏任命司马懿为丞相或者相国，还要给司马懿加九锡之礼，甚至还要封司马懿为安平郡公，司马懿都固辞不受。从官职和爵位上来说，似乎司马懿没有突破人臣的界限，他没有像董卓和曹操一样，突破朝廷旧有的官制，也没有像曹操一样开国称孤，建立自己的小朝廷，更没有废立皇帝。

从这点上来说，司马懿的篡位之心似乎不太明显。但司马懿晚年异常狠辣残酷，对待政敌都是本着斩草除根的理念，族灭了曹魏的好几个大家族。通过血洗政敌、大搞株连的方式确立了司马家族在士族中的绝对领导地位，并最终完成了这种领导权力的世袭，司马懿又将曹魏地方宗室诸侯，全部集中到邺城看管，对曹魏宗室防范戒备之心昭然若揭。而且司马懿父子自始至终都对曹魏的军权牢牢掌控，从这点上来说，司马懿家族是铁了心要取代曹魏的。

而司马懿晚年之所以用残忍嗜血的恐怖手段巩固权力，究其原因，应该还是因为司马懿掌权时间太晚，年届七旬才独揽大权，执政仅仅三年就去世了，可以说，司马懿为子孙后代铺路的时间非常紧迫。司马懿的主要精力也放在防范政敌加强权力上，在官职和爵位方面尽量不刺激其他豪门士族。司马懿虽然是豪门士族首席士族，但司马懿本来也是给老曹家打工的，不是自己创的业，这种情况下，司马懿想把权力传承给子孙后代并不容易，其他家族对司马家族权力的觊觎之心是显而易见的，所以司马家族就选择了恐怖统治的方式来震慑反对者；同时司马家族在一次又一次的残酷镇压挑战者的过程中，权力也可以不断增强，这应该就是司马懿晚年性情残忍的真正原因，当然了这也造成了他在历史上的声名狼藉。

从晚年的所作所为来看，司马懿明显有取代曹魏的心思，只不过司马懿掌权时间太短，根本无法完成篡位这个庞大的工程。曹操作为创业者用两代才完成篡位，而司马懿是打工人出身，其政治基础本来就不如曹操，所以需要用更久的时间完成篡位这项大工程。司马懿家最终用了三代人的时间完成了篡位工程，并开创了短暂的大一统时代。

附　录

司马懿年谱

光和二年（179），司马懿出生。

建安六年（201），司空曹操第一次征辟司马懿，司马懿托病拒绝出仕。

建安十三年（208），曹操辟司马懿为文学掾。之后历任黄门侍郎、议郎、丞相东曹属、丞相主簿等职。

建安二十年（215），司马懿第一次随军出征，追随曹操征讨张鲁。

建安二十二年（217）十月至建安二十四年（219），司马懿先调任魏国太子中庶子，佐助曹丕，之后又转为丞相军司马。

建安二十五年（220），曹操去世，曹丕继位为魏王，司马懿被封为河津亭侯，转丞相长史。同年，曹丕篡汉称帝，任司马懿为尚书，很快又转督军御史中丞，封安国乡侯。

黄初二年（221），司马懿被免去督军御史中丞官职，升任侍中、尚书右仆射。

黄初五年（224），曹丕伐吴，命司马懿镇守许昌，并改封司马懿为向乡侯，转任抚军大将军、持假节，领兵五千，加给事中、录尚书事。

黄初六年（225），曹丕再次伐吴，司马懿继续留守许昌，内镇百姓，外供军资。

黄初七年（226）五月，曹丕驾崩，遗命司马懿与曹休、曹真、陈群为辅政大臣。八月，孙权出兵攻魏。司马懿率军救援襄阳，击败东吴诸葛瑾部，并斩杀吴将张霸，斩首千余级。十二月，升任骠骑将军。

太和元年（227）六月，魏明帝命司马懿屯于宛城，加督荆、豫二州诸军事。

太和二年（228）正月，司马懿千里奔袭上庸城，擒获并斩首孟达，传首京师，俘获万余人。

太和四年（230），司马懿任大将军，加大都督、假黄钺，策应大司马曹真伐蜀。八月，司马懿率军从西城郡沿沔水逆流而上进入汉中，驻军丹口，后遇雨班师。

太和五年（231），司马懿调离荆州，接替大司马曹真督雍、凉二州诸军事，并挫败了诸葛亮的第四次北伐。

青龙二年（234），司马懿率军挫败了诸葛亮的第五次北伐。

青龙三年（235），司马懿升任太尉。

景初二年（238），司马懿率步骑四万征辽东公孙渊，攻破襄平，追斩公孙渊，屠戮近万人，并筑“京观”。

景初三年（239），司马懿与曹爽一起接受魏明帝托孤，辅佐八岁的幼主曹芳继位，司马懿任侍中、持节、都督中外诸军、录尚书事，与曹爽共掌朝政。很快，司马懿又升任太傅，被授予入朝不趋、赞拜不名、剑履上殿的特权。

正始二年（241）五月，吴军围樊城；六月，司马懿亲率魏军增援，击退吴军，追斩吴军万余人；七月，朝廷增封司马懿食邑，前后共四县，食邑万户，子弟十一人皆为列侯。

正始四年（243）九月，司马懿率军赶赴淮南，征讨吴将诸葛恪，吴将诸葛恪弃城而遁。

正始八年（247）五月，司马懿称病，不参与政事。

嘉平元年（249）正月，司马懿发动高平陵之变，诛杀曹爽及其党羽何晏、丁谧、邓扬、毕轨、李胜、桓范等，并灭三族。

嘉平三年（251）四月，司马懿带病出征，率军前往淮南讨伐王凌，迫使王凌自缚出降。八月初五（9月7日），司马懿在洛阳去世，享年七十三岁。

后　记

万事开头难，此言不虚。这是我第一次尝试写书，开始真的不知道从哪儿下笔，写书中间的过程中也是多历坎坷，真的算是“苦其心志”了，还好顺利完成了。

这本书最终能够完成，首先要感谢我自己，本身我的文学素养和文笔都有所欠缺，我敢于尝试写书已经算得上勇气可嘉了。其次要感谢赵维宁编辑，因为我没有太多的写书经验，多亏他多次及时指导我，我才能完成这本书。第三要感谢我的家人，我的爱人田雨阳帮助我查阅了大量资料，让我节省了大量的时间，同时我的哥哥赵松也传授了我不少经验，没有他们支持和鼓励，我也很难坚持下去。

本书编写过程中，通过图书馆等各种途径，参考和借鉴了大量的文献，在此向这些文献的作者们表示诚挚的感谢，正是你们的劳动成果，启迪了我，帮我指明了方向。最后，需要说明的是，我的知识水平有限，书中的很多观点可能有些浅陋，望广大读者多多批评指正。